로직아이 샘

1단계 초록

펴내는 글 & 일러두기

로직 있는 아이를 위하여…

독서는 감동입니다. 감동은 집중력을 높여 줍니다. 어렸을 때 감동하면서 책을 읽은 아이들이 다른 일도 잘합니다.

독서는 핵심입니다. 핵심을 파악해야 발전합니다. 모든 사건에는 핵심이 있고 모든 일은 핵심을 중심으로 전개됩니다. 독서는 전체의 흐름과 핵심 파악에 도움을 줍니다.

독서는 꿈입니다. 독서는 꿈의 실현이 아니라 꿈을 꾸게 하는 다리입니다. 꿈을 꾸는 사람만이 꿈을 이룰 수 있습니다.

독서는 미래이고 희망입니다. 병들기 전에 병을 치료하는 일이 좋은 일이듯, 문제가 발생하지 않도록 하는 일이 중요합니다. 독서는 병들기 전에 치료하는 최고의 보약입니다.

〈로직아이〉는 모든 선생님과 학부모 그리고 대한민국 모든 아이들이 건강하고 행복하기를 기원합니다.

집필자들을 대신하여
(주) 로직아이 리딩교육원 원장 박우현

교재의 특징

▶ 이 교재는 독서지도 교재입니다. 그러나 이 교재의 사용은 자연스럽게 글쓰기 논술 실력도 늘게 합니다.
▶ 이 책에는 해당 책을 이용한 PSAT(공직 적격성 평가: 행정 고시, 기술 고시 1차 시험)와 LEET(사법 고시를 대신하는 법학 전문 대학원 입학시험 문제) 형식의 문제가 수록되어 있습니다. 아이들에게 대입 수능 시험 형식이나 고급 공무원 시험 형식에 대해 친근한 느낌을 갖게 할 것입니다.

교재 사용 방법

1. 이 교재를 사용하기 위해서는 반드시 가르치는 사람과 아이들은 해당 책을 읽어야 합니다. 그 후에 교재 속의 문제들을 풀면 그것만으로도 그 책을 다시 한번 읽는 셈이 됩니다.
2. 단계별로 구성되어 있기는 하지만 아이들의 성향이나 독서 능력에 따라 자유롭게 활용해도 무방합니다.
3. 각각의 교재는 6권의 책으로 구성되어 있지만, 그 순서는 교사나 학부모가 정할 수 있습니다. 아이들의 취향이나 선생님의 지도 방법에 따라 선택 지도할 수 있습니다.

〈감사의 말씀〉 이 교재 속에 수록된 텍스트와 이미지 사용을 허락해 준 모든 출판사에 감사드립니다.

목 차

또박또박 반갑게 인사해요

4쪽

다다다 다른 별 학교

14쪽

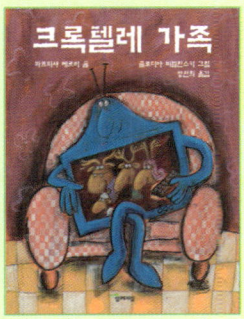

크록텔레 가족

24쪽

지하 100층짜리 집

34쪽

책이 꼼지락꼼지락

44쪽

일기 쓰고 싶은 날

54쪽

또박또박 반갑게 인사해요

안미연 글 | 홍효정·홍우정 그림
상상스쿨

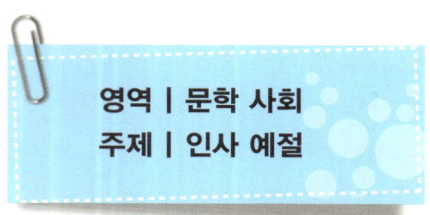

영역 | 문학 사회
주제 | 인사 예절

1. 상황에 맞는 인사 방법을 배울 수 있다.
2. 바른 인사법을 실천할 수 있다.

줄거리

천재 과학자 여우 박사는 자신과 닮은 아기 여우 로봇 '포포'를 만든다. 그러나 여우 박사는 포포의 인사말 기능이 잘못 입력된 것을 알고는 귀뚜라미 로봇 키키에게 친구들 몰래 포포를 도와줄 것을 부탁한다. 포포는 키키의 도움으로 여러 상황에 알맞은 인사를 하게 된다.

도서 선정 이유

누구나 인사만 잘해도 상대방에게 좋은 인상을 준다. 그런데 이 책은 학교에 갈 때, 다녀왔을 때, 음식을 먹을 때, 어른에게 감사 인사를 할 때, 친구에게 사과할 때 등 다양한 상황에서 인사하는 방법을 자연스럽고 재미있게 배울 수 있게 한다. 이 책은 학생들이 사람과 상황에 따라 인사하는 방법이 다르다는 것을 아기 여우 로봇 포포와 귀뚜라미 로봇 키키를 등장시켜 흥미를 더하고 있다.

1 책의 제목을 보면서 주인공이 뭐라고 말하면서 인사할지 이야기해 보세요.

---

2 다음 표에 나오는 "안녕하세요!"를 소리 내어 읽어 보고, 밝고 또렷한 목소리로 인사해 보세요. 또 언제 하는 인사인지 말해 보세요.

안	녕	하	세	요	!
안	녕	하	세	요	!
안	녕	하	세	요	!
안	녕	하	세	요	!
안	녕	하	세	요	!
안	녕	하	세	요	!
안	녕	하	세	요	?

3 다음 그림 중 인사하는 표정이라고 말할 수 있는 것은 무엇인가요?

1 이 책에 나오는 등장인물은 누구누구인가요?

2 여우 박사님이 만든 로봇 '포포'는 무엇을 할 수 있나요?

3 포포는 유치원에 갈 때 박사님께 무엇이라고 말하면서 인사했나요?

4 포포가 엉뚱한 인사말을 한 까닭은 무엇인가요?

5 포포가 걱정된 박사님은 누구와 함께 유치원에 가라고 했나요?

6 포포가 인사말을 제대로 하지 못하자 키키가 귓속말로 알려 주었어요. 그래서 포포는 여러 상황에 맞게 다시 인사했어요. 어떻게 인사했나요?

○ 밖에 나갈 때:

○ 학교에 도착해 선생님을 만났을 때:

○ 간식을 먹을 때:

○ 모래성을 건드렸을 때:

○ 집에 돌아갈 때:

7 포포가 미안한 마음으로 과자를 준비해 키키와 사이좋게 나눠 먹을 때 키키는 포포에게 무엇이라고 말했나요?

8 포포가 집에 돌아와 무엇이라고 인사를 하여 함께 웃을 수 있었나요?

1 그림을 보고 어떤 인사를 하는지 알아보고, 때와 장소에 따라 인사말을 다르게 하는 까닭을 이야기해 보세요.

2 포포가 잘못 인사할 때마다 키키가 인사말을 고쳐 주지 않았다면 어떻게 됐을까요?

3 집에 돌아갈 때 포포는 어떤 마음으로 키키에게 과자를 나누어 주었을까요?

4 포포가 유치원에서 돌아와 인사하자 박사님이 웃었어요. 박사님은 왜 웃었을까요?

> "포포, 키키! 잘 다녀왔니? 유치원은 재미있었어?"
> "네!"
> 포포와 키키는 동시에 큰 소리로 대답했어요.
> 여우 박사님은 포포와 키키의 어깨를 토닥여 주었어요.
> 그때 갑자기 포포가 제 머리를 툭 쳤어요.
> "참 깜박했어요."
> 박사님과 키키가 포포를 쳐다보았어요.
> "다녀왔습니다!"
> 여우 박사님은 하하하 웃었어요.

책을 내 것으로 만드는 아이들

1 책 속에 등장하는 인물들이 다음과 같이 인사했다면 여러분은 어떤 마음이 들지 써 보세요.

○ _____

○ _____

○ _____

2 여러분도 다른 사람에게 인사를 하지 않았거나 인사를 제대로 하지 못한 경험이 있나요? 그때 어떻게 했어야 했는지 자신의 경험을 이야기해 보세요.

3 우리가 서로 인사하는 까닭은 무엇일까요? 그리고 인사했을 때와 인사하지 않았을 때의 차이점을 이야기해 보세요.

인사하는 까닭

인사했을 때 / 하지 않았을 때의 차이점

4 책을 읽고 새롭게 알게 된 인사말 중 다른 사람에게 알려 주고 싶은 것이 있다면 글로 표현해 보거나 그림으로 표현해 보세요.

1 다음 글의 제목으로 가장 적절한 것은?

> 포포는 처음 만난 선생님에게 인사했어요.
> "다녀오겠습니다!"
> 선생님은 깜짝 놀랐어요. 친구들은 어리둥절해서
> 포포를 쳐다보았어요. 키키가 재빨리 귓속말을 했어요.
> "어른을 만났을 때는 '안녕하세요.'라고 인사하는 거야."
> 포포는 고개를 끄덕였어요.
>
> 본문에서

① 인사말 고치기 ② 키키의 귓속말
③ 처음 만난 선생님 ④ 깜짝 놀란 선생님
⑤ 어른에게 하는 인사

2 포포는 글 마지막에 토끼에게 무엇이라고 말했을까요?

> 포포와 친구들은 숨바꼭질을 해요.
> 술래가 된 포포는 친구들을 찾다가
> 그만 <u>토끼의 모래성을 건드렸어요.</u>
> 포포는 얼른 사과했어요.
> "고맙습니다!"
> 토끼는 어쩔 줄 몰랐어요.
> 키키가 한 숨을 쉬며 귓속말을 했어요.
> "잘못했을 때는 '미안해.'라고 하는 거야."
> "아, 그렇구나!"
>
>  본문에서

① "고마워!" ② "반가워."
③ "미안해." ④ "아, 그렇구나!"
⑤ "너, 실수한 거야."

3 다음 글을 읽고 알 수 있는 것은?

"우아! 드디어 완성이다!"
여우 박사님은 로봇 만들기 천재 과학자예요.
오늘은 박사님과 똑 닮은 아기 여우 로봇을 만들었어요.
로봇은 말도 하고, 생각도 하고, 뛰어놀 수도 있어요.
박사님은 '포포'라는 예쁜 이름도 지어 주었어요.
"내 이름은 포포, 내 이름은 포포."
포포는 기분이 좋아서 폴짝폴짝 뛰었어요.

 본문에서

① 포포는 사람이다.
② 포포는 슬픈 마음이다.
③ 박사님과 로봇은 친구이다.
④ 포포는 사람처럼 말도 한다.
⑤ 여우 박사님은 다른 로봇도 만들었다.

다다다
다른 별 학교

윤진현 글·그림 | 천개의바람

영역 : 문학 언어
주제 : 다양성, 존중

1. 자신의 특별한 점을 생각해 보고 발표할 수 있다.
2. 우리는 모두 서로 다르다는 사실을 이해할 수 있다.
3. 우리는 서로 달라도 존중하며 살아야 한다는 것을 알 수 있다.

줄거리

새 학년이 시작되는 어느 교실, 다양한 별에서 온 학생들이 앉아 있다. 교실 문을 열어 본 선생님은 개성 있는 학생들의 모습에 놀란다. 그리고 학생들은 돌아가며 자기가 온 별에 대해 소개한다.

도서 선정 이유

새 학년은 설렘과 두려움으로 시작된다. 익숙하지 않은 모든 것들은 낯설고 어렵기 때문이다. 새로운 친구들과 선생님에 대한 편견을 없애고 모두가 다른 성격과 행동을 가졌지만 소중한 존재임을 이해할 수 있다.

1 "시도 때도 없이 눈물이 나"에서 '시도 때도 없이'를 대신해서 쓸 수 있는 말은?

① 가끔   ② 전혀   ③ 이따금   ④ 언제나   ⑤ 일주일마다

2 아래에서 '다르다'와 '틀리다'를 알맞지 <u>않게</u> 사용한 문장을 고르세요.

① 내가 쓴 답은 틀렸어.
② 우리는 되고 싶은 게 다 다르다.
③ 울보쟁이는 언제나 틀린 이유로 눈물이 난다.
④ 상상하는 걸 좋아하는 친구는 언제나 다른 생각을 한다.

3 쟁이와 장이를 구분해서 빈칸을 채워 보세요.

① 욕심(   )   ② 양복(   )   ③ 수다(   )
④ 고집(   )   ⑤ 개구(   )

4 보기의 흉내 내는 말을 보고 '모양을 흉내 내는 말'인지 '소리를 흉내 내는 말'인지 구분하여 써 보세요.

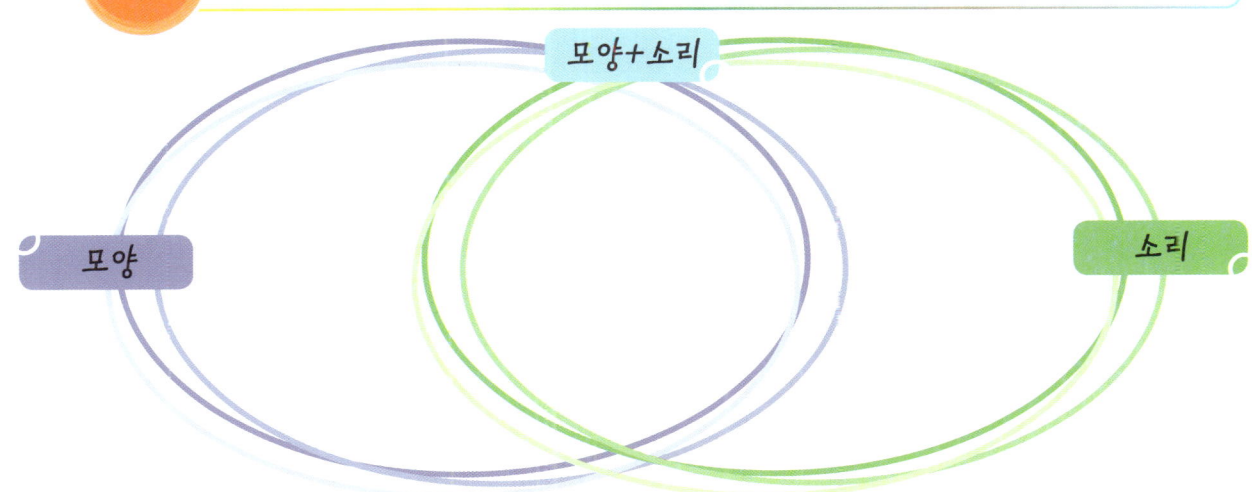

1 땅꼬마 친구는 어느 별에서 왔나요?

2 친구들이 살다 온 별들은 각기 다른 특징이 있어요. 각각 어느 별에서 왔는지 연결해 보세요.

1) 모두 다 작아서 아주 작은 것도 다 친구야.	반듯반듯 별 
2) 되고 싶은 어떤 거로도 변신할 수 있어.	짜증나 별
3) 온갖 게 뒤엉켜서 정신이 없어.	두근두근 별
4) 하루 종일 짜증이 솟구치고 폭발해.	작아도 별 
5) 항상 걱정이 한가득이야.	뒤죽박죽 별 
6) 뭐든지 계획대로 착착 움직여.	뭐든지 별 

3 '물음표 별'에서 사는 친구들이 가지고 있는 마음은 무엇일까요?

① 행복　　② 불안　　③ 초조함　　④ 호기심　　⑤ 자신감

4 어떤 생각이든 뭉게뭉게 구름으로 만들 수 있는 친구는 어느 별에서 온 친구인가요?

책·을·다·시·읽·는·아·이·들

5 '반듯반듯 별'에서는 계획대로 착착 움직인다고 해요. 그 별에서 온 친구는 무엇을 만들어 보라고 했나요?

6 심심한 친구들은 어느 별로 놀러가야 할까요?

7 선생님은 어느 별에서 오셨을까요?

1 교실로 들어온 선생님께서 깜짝 놀란 까닭은 무엇일까요?

> 교실에 들어선 선생님이 깜짝 놀랐어.
> "어이쿠! 너희들 대체 어디서 왔니?"
> "우리요? 다 다른 별에서 왔죠."
> 우리는 돌아가며 자기가 온 별을 말했어.

2 '반듯반듯 별'에서 온 친구가 언제나 바쁜 까닭은 무엇일까요?

> 반듯반듯 별에서는
> 뭐든지 계획대로 착착 움직여.
> 똑딱똑딱, 내 시간표는 언제나 바빠.
> 똑딱똑딱, 너도 시간표를 짜 봐.

3 '짜증나 별'에서 온 친구는 짜증이 폭발할 때 엄마 소방서에 가면 짜증이 사라진다고 합니다. 엄마는 어떻게 아이들의 짜증을 사라지게 할까요?

4 '숨바꼭질 별'에서 온 부끄럼쟁이 친구는 숨기를 잘합니다. 어디에 숨어 있는지 찾아보세요.

5 '거꾸로 별'에 있는 아이가 "앗! 차가워. 엄마가 늦게 오면 좋겠다."고 말합니다. 아이의 진심은 무엇일까요?

1 책 속에 나오는 별들 중에 여러분이 온 별과 가장 닮은 별은 어느 별인가요?

2 자기 별 소개하기 (별의 특징을 설명하고 그림을 그려 봅니다.)

3 친구들이 자기를 미워할까 봐 걱정하는 친구가 있어요. 우리가 어떻게 해 주어야 할까요?

책·을·내·것·으·로·만·드·는·아·이·들

4 가족이나 친구를 생각해 보고 어느 별에서 왔을까 생각해 보세요.

관계	별의 이름과 특징

5 여러분은 어떤 별나라 사람이 되고 싶나요?

다다다 다른 별 학교

1 아래 글에서 "시도 때도 없이 눈물이 뚝뚝!"인 까닭으로 적절한 것은?

> 울보쟁이인 나는
> **눈물나 별**에서 왔어.
> 눈물나 별에서는 마음이
> 눈물 바다랑 이어져 있어.
> 그래서 시도 때도 없이
> 눈물이 뚝뚝!
> 실컷 울고 싶다고?
> 그럼 우리 별에 놀러 와.

① 실컷 울고 싶어서.
② 눈물나 별에 놀러갈 테니까.
③ 시도 때도 없이 눈물이 나니까.
④ 울보쟁이인 나는 눈물나 별에서 왔기 때문에.
⑤ 눈물나 별에서는 마음이 눈물 바다랑 이어져 있어서.

2 다른 네 가지의 마음과 우는 모습이 다른 것은?

① 펑펑 울기
② 크게 울기
③ 웃으며 울기
④ 흐느끼며 울기
⑤ 소리 없이 울기

아·이·들·을·위·한·P·S·A·T·와·L·E·E·T

3 아래 글에서 우리가 알기 <u>어려운</u> 것은?

> 걱정이 많은 나는 **두근두근 별**에서 왔어.
> 두근두근 별에는
> 커다란 걱정주머니 가게가 있어.
> 난 거기서 산 걱정주머니가 아주 많아.
> 그래서 걱정도 한가득이야.
> 네 걱정주머니도 나한테 팔래?

① 나는 걱정이 많다.
② 두근두근 별이 있다.
③ 걱정주머니를 파는 곳도 있다.
④ 누구나 걱정주머니를 가지고 있다.
⑤ 다른 사람 걱정주머니도 사고 싶어 한다.

4 '뒤죽박죽 별'의 특징으로 알맞은 것은?

> 치우기 싫어하는 나는 **뒤죽박죽 별**에서 왔어.
> 뒤죽박죽 별에서는 온갖 게 뒤엉켜서
> 엉망진창 정신이 없어.
> 쉿, 이건 비밀인데……
> 그래도 나는 뭐가 어디 있는지 다 알지롱.

① 비밀이 없다.
② 청소를 자주한다.
③ 정신이 하나도 없다.
④ 정돈된 것도 간혹 있다.
⑤ 나도 뭐가 어디 있는지 모른다.

다다다 다른 별 학교 | 23

크록텔레 가족

파트리샤 베르비 글 | 클로디아 비엘린스키 그림
양진희 옮김 | 함께자람

영역 : 문학 언어
주제 : 텔레비전 시청 줄이기

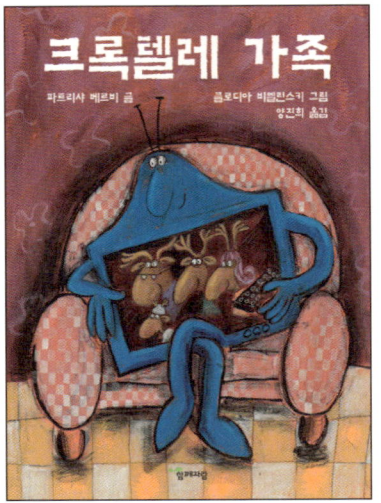

목표

1. 텔레비전의 마음을 알 수 있다.
2. 텔레비전에 대한 가족들의 마음을 알 수 있다.
3. 텔레비전 시청 말고도 재미있는 일들이 많다는 것을 알 수 있다.

줄거리

크록텔레 가족은 아침부터 밤 늦게까지 텔레비전을 보면서 행복을 느낀다. 이런 가족들에게 시달리고 지친 텔레비전은 결국 기절하고 만다. 가족들은 텔레비전에게 휴가를 주지만 약속한 날이 되기도 전에 텔레비전을 데리러 온다. 텔레비전이 자신을 보는 것 이외에도 재미있는 일들이 많다는 것을 말해 주자, 크록텔레 가족은 텔레비전을 보는 것과는 다른 재미를 찾아 행복하게 살아간다.

도서 선정 이유

요즘 아이들은 텔레비전이나 스마트 기기 사용 시간이 많다. 자연히 야외 활동이나 독서를 즐기는 아이들은 점점 줄어들고 있다. 크록텔레 가족의 모습은 우리 주변에서도 흔히 볼 수 있다. 이 책은 텔레비전 중독에서 벗어나 주변을 탐색하고 지적 호기심도 키울 것을 조언해 준다.

1 다음 보기의 흉내 내는 말 중에 어울리는 말을 찾아 문장을 완성해 보세요.

| 보기 | 고래고래   웅웅거리더니   팍   끙끙   훌쩍 |

(1) 우리 집 세탁기는 오래되어서 (   ) 멈추어 버렸다.

(2) 내 동생은 화가 날 때 (   ) 소리를 질러 댄다.

(3) 오늘 체육 시간에 달리기를 많이 해서 그런지 집에 오자마자 소파에 (   ) 쓰러졌다.

(4) 친구가 학교에 오질 않아 집에 갔더니 감기에 걸려 (   ) 앓고 있었다.

(5) 친구가 감기에 걸렸는지 계속 콧물을 (   ) 삼켰다.

2 다음 낱말의 뜻을 찾아 줄을 이어 보세요.

- 울먹이다 — 힘든 일을 하거나 어떤 일에 시달려서 기운이 빠지다.
- 기절하다 — 걱정이 있거나 마음을 졸이다가 안심이 될 때 숨을 길게 몰아서 내쉬다.
- 한숨을 쉬다 — 울음이 터져 나올 듯하다.
- 지치다 — 두려움, 놀람, 충격 때문에 한동안 정신을 잃다.
- 진작에 — 시간상 앞서 있는 또는 처음 시작되는
- 이른 — 어느 때에 이미

책을 다 읽은 아이들

1 크록텔레 가족들이 아침부터 방송이 끝날 때까지 텔레비전을 시청하자 텔레비전은 지쳐서 하얗게 질린 얼굴로 가족들에게 뭐라고 말했나요?

2 엄마 아빠는 직장에 가고, 제데옹이 학교에 가면 그다음에는 누가 텔레비전을 보나요?

3 저녁이 되어 집으로 돌아온 가족들은 또 다시 텔레비전을 보기 시작해요. 그날 밤 아빠는 잠이 오지 않는다며 몇 시간 씩이나 텔레비전을 보았어요. 그래서 결국 텔레비전은 어떻게 되었나요?

4 크록텔레 가족들은 그동안 텔레비전을 너무 괴롭혔다면서 어떻게 하기로 했나요?

5 텔레비전이 야자나무 아래에서 즐겁게 지내는 동안 집에 있는 가족들은 어떻게 지냈나요?

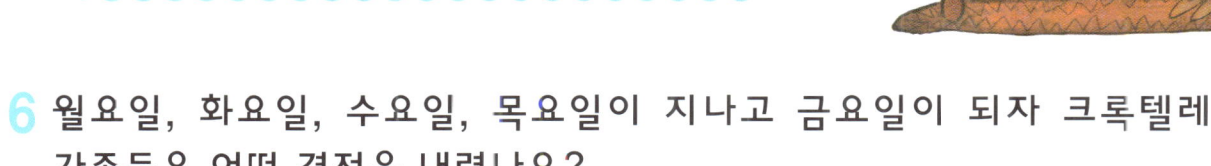

6 월요일, 화요일, 수요일, 목요일이 지나고 금요일이 되자 크록텔레 가족들은 어떤 결정을 내렸나요?

7 텔레비전이 크록텔레 가족들에게 말해 준 재미있는 일들에는 어떤 것들이 있나요?

8 크록텔레 가족은 텔레비전이 말해 준 재미있는 일들을 해 보았어요. 그날부터 크록텔레 가족은 다시 어떻게 지냈나요?

1 텔레비전의 말들을 소리 내어 읽어 보고 텔레비전의 기분을 표정으로 그려 보세요.

"방송이 끝날 때까지 나를 쳐다보는 건 이제 제발 그만해! 난 정말 지쳤다구!"

"지긋지긋해! 도망가 버릴거야."

"난 팍 쓰러져 버릴 것 같아!"

"난 아침 먹을 시간도 없잖아!"

"정말 너무해요!"

"가서 자라구. 제발 가서 자란 말이야!!!"

2 아침부터 밤늦도록 텔레비전만 보는 가족들에게 텔레비전은 무슨 말을 하고 싶을까요?

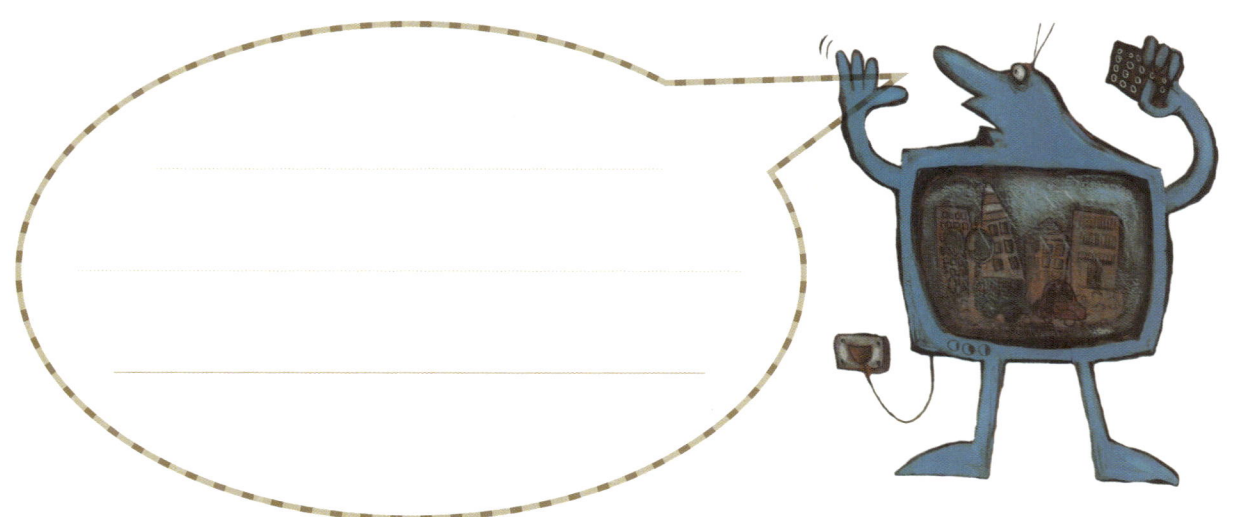

책·을·깊·게·읽·는·아·이·들

3 가족들이 아주 이른 새벽인데도 텔레비전을 별장에 데려다준 까닭이 무엇일까요?

> "텔레비전에게 열흘 동안 휴가를 주자!"
> 할아버지의 말씀이 끝나기가 무섭게, 크록텔레 가족은 텔레비전을 바닷가에 있는 별장에 데려다주었어요. 아주 이른 새벽인데도 말이죠!

4 휴가를 즐기고 있는 텔레비전을 찾아온 가족들은 다시 집으로 가자고 했어요. 텔레비전의 마음은 어떠했을까요?

> 금요일이 되자, 크록텔레 가족은 텔레비전을 데려오기로 했어요.
> "잘 있었니? 우리가 왔어! 넌 이제 집으로 돌아가야만 해.
> 우린 더 이상 못 참아!"

크록텔레 가족 | 29

1 여러분은 텔레비전을 하루에 몇 시간 정도 보나요?

2 텔레비전을 많이 보면 좋은 점은 무엇이고 나쁜 점은 무엇인가요?

　좋은 점

　나쁜 점

3 텔레비전을 보는 시간을 줄이고 다른 것을 한다면 어떤 것을 하고 싶은가요?

4 크록텔레 가족은 텔레비전이 말한 것을 실천한 뒤로 다시 행복해졌다고 했어요. 우리도 행복해지기 위해 '행복 계획서'를 만들어 볼까요?

행복 계획서

누구랑

어떤 일

5 여러분은 친구들에게 자랑하고 싶은 취미가 있나요? 좋은 점도 소개해 보세요.

1 ㉠의 까닭으로 알맞은 것은?

> 사람들은 아마 너희들이 텔레비전밖에 모른다고 말할 거야.
> 나말고도 재미있는 일들이 얼마나 많은데!
> "맞아, 맞아. 그걸 미처 몰랐네"
> ㉠ 크록텔레 가족은 깜짝 놀라며 말했어요.
> "그럼 한번 해 볼까?"
> 그날부터 크록텔레 가족들은 다시 행복해졌어요.
> 이전과는 전혀 다른 모습으로요!

① 모르는 것이 생겨서.
② 사람들이 놀린다고 말해서.
③ 이전과는 전혀 다른 모습이어서.
④ 가족들이 다시 행복해질 수 있어서.
⑤ 텔레비전보다 재미있는 일이 많다고 얘기해서.

2 다음을 간단히 말한 것으로 알맞은 것은?

> 아침에 눈뜨자마자 텔레비전,
> 밥 먹을 때도 텔레비전, 잠잘 때도 텔레비전……

① 항상 텔레비전   ② 가끔 텔레비전   ③ 종종 텔레비전
④ 매일 텔레비전   ⑤ 어쩌다 텔레비전

3 아래 그림에 대한 설명으로 적절하지 <u>않은</u> 것은?

① 책을 읽는다.
② 인라인 스케이트를 탄다.
③ 가족과 함께 체스를 한다.
④ 스마트 폰으로 게임을 한다.
⑤ 피아노 치면서 노래를 부른다.

지하 100층짜리 집

이와이 도시오 글·그림 | 김숙 옮김
북뱅크

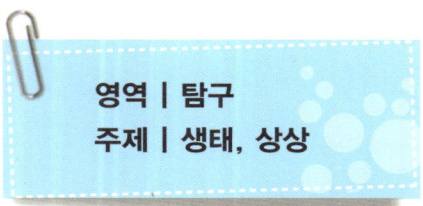

영역 | 탐구
주제 | 생태, 상상

1. 숫자에 관심을 가질 수 있다.
2. 땅속 동물들의 특징을 알 수 있다.
3. 땅속이 아닌 다른 곳에서 사는 생물들을 상상해 볼 수 있다.

줄거리

목욕을 좋아하는 쿠는 지하 100층에서 열리는 잔치에 초대를 받는다. 쿠는 화산 기슭에 있는 입구를 통해 지하 1층에 도착하게 된다. 쿠는 각 층에 살고 있는 동물 친구들을 만나면서 지하 100층까지 내려간다. 지하 100층에 살고 있는 거북이 할머니의 100번째 생일날 쿠가 초대된 것이었다. 쿠는 할머니 생일잔치를 끝내고 온천 물길을 따라 호수 위로 올라온다.

도서 선정 이유

주변에서 흔히 볼 수 있는 숫자와 동물들에 대해 관심을 가지고 우리가 쉽게 지나칠 수 있는 공간에 대해 맘껏 상상해 볼 수 있는 책이다.

🌿 표지의 그림과 제목을 보세요. 오늘 우리가 여행할 곳은 지하 100층 짜리 집이랍니다. (1~2)

1 우리 주변에서 숫자를 볼 수 있는 곳들을 생각해 보고 이야기해 보세요.

2 여러분이 가장 좋아하는 숫자는 무엇인가요?

내가 좋아하는 숫자는 _____ 입니다.

왜냐하면 _____ 때문입니다.

3 땅속에는 어떤 동물들이 살아가고 있을까요? 맘껏 상상해 보고 이야기해 보세요.

> 내가 생각하기에 땅속에는 …

"아, 깜짝이야! 넌 대체 누구야?"

1 쿠는 왜 깜짝 놀랐나요?

2 쿠를 놀라게 한 동물은 누구였나요?

3 쿠가 찾아간 곳은 어디인가요?

4 쿠가 그곳으로 가기 위해 꼭 찾아야 했던 것은 무엇인가요?

5 각 층에 어떤 동물이 살고 있었는지 맞는 것끼리 연결하고 무엇을 하는지 이야기해 보세요.

6 58층에 있는 글자는 무슨 글자인가요? 그리고 누가 썼나요?

　　글자 _____

　　글자를 쓴 동물 _____

7 지하 100층엔 누가 살고 있었고, 어떤 잔치가 열렸나요?

　　살고 있는 동물 _____

　　어떤 잔치 _____

8 쿠가 나온 곳은 어디인가요?

1 층을 나타내는 숫자 옆에 써 있는 B는 무엇을 나타낸 것일까요?

🌱 거북 할머니의 생신 잔치가 열렸습니다.(2~3)

2 동물들은 거북 할머니에게 무슨 이야기를 했을까요? (말주머니를 채워 주세요.)

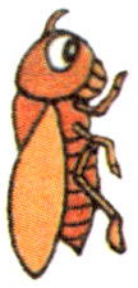

3 생일 선물을 받은 거북 할머니의 모습이 행복해 보이지요? 여러분은 거북 할머니께 무엇을 선물하고 싶나요?

책·을·길·게·읽·는·아·이·들

4 할머니가 살고 있는 곳은 우리가 살고 있는 곳이랑 다른 환경입니다. 할머니가 살고 있는 곳의 환경을 설명해 보세요.

🌿 쿠가 만난 동물 친구들을 떠올리면서 한 고개 한 고개 넘어가며 어떤 동물일지 생각해 보세요. (5~6)

5 나는 누구일까요?

> · 한 고개 → 나는 채소를 좋아해요.
> · 두 고개 → 귀가 길어요.
> · 세 고개 → 꼬리가 짧아요.
> · 네 고개 → 뜀뛰기를 잘해요.
> · 다섯 고개 → 눈이 빨개요.

6 나는 누구일까요?

> · 한 고개 → 애벌레일 때는 나무뿌리의 즙을 먹고 자라지만 어른이 되면 나무줄기에서 나오는 수액을 먹고 살아요.
> · 두 고개 → 애벌레 상태로 땅속에서 7년 이상을 살아요.
> · 세 고개 → 나는 몸을 보호하기 위해 몸 색깔이 나무 색깔과 비슷해요.
> · 네 고개 → 15일 정도 열심히 노래를 불러요.
> · 다섯 고개 → 여름에 많이 볼 수 있어요.

7 이 책에는 반복되는 구절이 많이 나옵니다. 반복되는 구절을 넣으면 좋은 점이 <u>아닌</u> 것은?

① 상상하기 좋습니다.   ② 이해하기 쉽습니다.
③ 리듬감이 느껴집니다.   ④ 기억하기에 좋습니다.
⑤ 이야기가 지루해집니다.

지하 100층짜리 집 | 39

1 화산 기슭으로 들어갔다가 호수 위로 나왔다면 지하 100층짜리 집은 어떻게 생겼을까요? 호수를 포함하여 전체 그림을 그려 보세요.

2 만약 여러분이 땅속을 쿠처럼 여행한다면 어떤 동물을 만나고 싶은가요? 그 까닭은 무엇인가요?

만나고 싶은 동물

까닭 왜냐하면

때문이다.

책·을·내·것·으·로·만·드·는·아·이·들

3 땅속에서 많은 동물 친구들을 만나 보았죠? 그렇다면 바닷속에는 어떤동물 친구들이 있을지 상상해 보세요. 상상한 것을 그림으로 표현해 보고 글로 설명해 보세요.

4 여러분이 다섯 고개를 만들고 다른 친구들에게 맞혀 보게 하세요.

· 한 고개 →

· 두 고개 →

· 세 고개 →

· 네 고개 →

· 다섯 고개 →

· 나는 누구일까요?

1 다음 중 그림의 내용과 맞지 <u>않는</u> 것은?

① 7층은 토끼 집 부엌입니다.　② 토끼는 채소를 좋아합니다.
③ 토끼는 심부름을 잘합니다.　④ 5층 토끼는 목욕을 합니다.
⑤ 엄마 토끼가 당근 요리를 만들고 있습니다.

2 거북 할머니가 장수(오래오래 사는 것)하고 있다는 것을 알 수 있는 문장은?

> "우리 할머니, 오늘로 100살이 되셔."
> "아, 생일잔치구나!
> 거북 할머니 안녕하세요? 생신 축하드려요!"
> "고맙구나, 쿠. 여기까지 오느라 피곤하지? 온천 목욕부터 하렴."
> 쿠는 잔치에 앞서 온천 목욕을 했습니다.
> 지하 100층에서 하는 목욕은 색달랐습니다.
> 　　　　　　　　　　　　　　　　본문에서

① 아, 생일잔치구나!
② 온천 목욕을 했습니다.
③ 여기까지 오느라 피곤하지?
④ 우리 할머니, 오늘로 100살이 되셔.
⑤ 지하 100층에서 하는 목욕은 색달랐습니다.

3 쿠가 어떤 아이인지 알 수 있는 문장은?

> 목욕을 좋아하는 쿠라는 여자 아이가 있었습니다.
> 어느 날, 쿠가 목욕을 하고 있는데
> 갑자기 누군가의 목소리가 들렸습니다.
> "쿠, 지하 100층에 있는 우리 집에서 곧 잔치가 열려.
> 놀러 오지 않을래?"
> "아, 깜짝이야! 넌 대체 누구야?"
> "우리 집 입구는 호수 건너편 화산 기슭이야.
> 꼭 와야 해. 기다리고 있을게."
> 그러더니 누군가는 목욕물 속으로 사라져 버렸습니다.
> '지하 100층 집에서 잔치가 열린다고? 가보고 싶은걸!'
> 쿠는 큰마음 먹고 가보기로 했습니다.
>
> 본문에서

① 넌 대체 누구니?
② 여자아이가 있었습니다.
③ 우리 집에서 잔치가 열려.
④ 누군가의 목소리가 들렸습니다.
⑤ 지하 100층에서 잔치가 열린다고? 가보고 싶은걸!

지하 100층짜리 집 | 43

책이 꼼지락꼼지락

김성범 글 / 이경국 그림 / 미래아이

영역 | 문학 언어
주제 | 독서

목표

1. 책이 주는 즐거움을 느낄 수 있다.
2. 책과 친해지는 방법에 대해 생각해 볼 수 있다.
3. 책 속 인물과 만난 모습을 상상하고 표현할 수 있다.

줄거리

게임만 시작하면 누가 업어 가도 모를 정도로 게임에 푹 빠지는 범이에게 엄마는 책 좀 보라고 잔소리를 한다. 엄마에게 혼이 난 범이는 자기 방으로 들어와 홧김에 책을 던진다. 순간 재미있는 생각이 떠오른 범이는 책을 쌓아 집을 만들고 책 속 주인공들을 초청한다. 책 속으로 들어가 도깨비방망이를 빌려 온 범이는 책 밖으로 나온 주인공들에게 멋진 선물을 한다.

도서 선정 이유

사람은 스스로 책읽기의 즐거움을 발견하면 누가 시키지 않아도 저절로 책을 읽는다. 책 속의 주인공들을 만나 즐겁게 노는 재미있는 이야기를 통해 아이들은 즐거운 상상과 함께 책읽기의 즐거움을 경험할 수 있다.

1. 이 책 표지의 책들은 왜 꼼지락 꼼지락거리고 있을까요? 자유롭게 여러분의 생각을 이야기해 보세요.

2. 여러분이 아는 책을 찾아보고, 어떤 이야기인지 소개해 보세요.

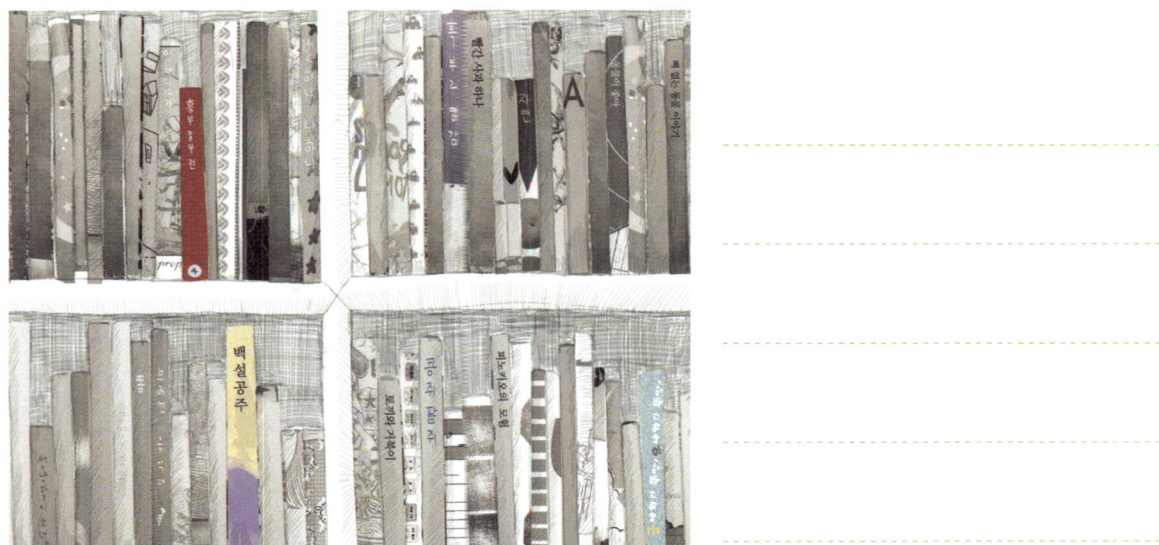

3. [보기]를 보고 빈칸에 흉내 내는 말을 찾아 알맞게 적어 보세요.

> **보기**   착착   펄쩍   스르르   우르르   끄덕끄덕   살금살금
> 올망졸망   꼼지락꼼지락   드르렁드르렁

범이 뒤를 _____ 일곱 난쟁이들이 따라 나와요.

흥부네 아이들이 _____ 몰려나와요.

책장을 _____ 넘기더니 _____ 책 속으로 들어갔어요.

범이는 _____ 도깨비 집으로 들어갔어요.

아무것도 모르는 도깨비는 _____ 잠을 자고 있어요.

책을 다시 읽는 아이들

1 범이는 왜 엄마에게 혼이 났나요?

2 방으로 들어온 범이가 책을 던지면서 뭐라고 말했나요?

3 재미있는 생각이 떠오른 범이는 무엇을 했나요?

4 책 밖으로 나온 책 속 주인공들은 누구누구인가요?

책·을·다·시·읽·는·아·이·들

5 〈어리석은 호랑이〉 책 속 호랑이가 밖으로 나오면서 범이와 어떤 약속을 했나요?

6 책들이 들썩들썩 난리가 난 이유는 무엇인가요?

7 범이는 두리번거리다가 찾아낸 책 속으로 들어가 무엇을 했나요?

8 방문을 벌컥 연 엄마에게 범이가 또 혼이 난 이유는 무엇인가요?

책이 꼼지락꼼지락 | 47

1. 범이는 엄마가 맨날 책밖에 모른다고 투정을 부렸어요. 범이의 엄마가 범이에게 날마다 책을 보라고 이야기하는 까닭이 무엇일지 생각해 보세요.

2. 범이가 "강아지 똥아! 꽃을 피워 줘."라고 말하니까 마당이 금세 꽃밭이 되었어요. 강아지 똥은 어떻게 꽃밭을 만들 수 있었을까요?

3. 범이가 〈어리석은 호랑이〉 책 속 호랑이에게 "약속 어기면 곶감 데려온다!"라고 말한 이유는 무엇일까요?

책·을·깊·게·읽·는·아·이·들

4 다음 그림에서 범이는 어떤 마음으로 책을 들고 있는지 생각해 보고 말풍선을 채워 보세요. 범이의 마음이 달라진 까닭은 무엇일까요?

범이는 _____

_____

5 엄마는 어질러진 방 때문에 또 화가 났어요. 엄마는 범이가 책 속 친구들과 재미있게 놀았다는 사실을 몰랐지요. 엄마는 화를 낼 만한가요? 이럴 때, 범이는 엄마에게 무슨 말을 하는 게 좋을까요?

1 여러분이 범이처럼 책 속 주인공을 만난다면 어떨까요? 여러분이 책 속 주인공을 만나면 무슨 말을 하고 싶은지 이야기해 보세요.

> 백설 공주에게

> 범이에게

> ㅤㅤㅤ에게

2 범이에게 도깨비방망이를 빼앗긴 도깨비는 어떻게 됐을까요? 책 속 도깨비에게 어떤 일이 일어났을지 상상해 보세요.

책·을·내·것·으·로·만·드·는·아·이·들

3 여러분이 가장 만나고 싶은 책 속 주인공은 누구인가요? 여러분이 들어가고 싶은 장면을 선택해서 그림을 그려 보고, 책 속 주인공을 만난 여러분의 이야기도 써 보세요.

[책이름]

[만나고 싶은 주인공]

[들어가고 싶은 장면]

4 범이는 책을 쌓아서 집을 만들고, 재미있는 놀이를 했어요. 여러분도 책과 더욱 친해질 수 있는 재미있는 방법을 찾아보세요.

1 범이에 대한 설명으로 옳지 <u>않은</u> 것은?

> "범아."
> "범아!"
> "너, 또!"
> "엄마가 부르면 빨리빨리 대답하라고 했지.
> 어떻게 된 애가 게임만 시작했다 하면
> 누가 업어 가도 모를 정도로 푹 빠지니.
> 도대체 누굴 닮아서 이러는지 모르겠다.
> 그리고 엄마가 말했지.
> 하루 종일 게임만 하지 말고
> 책 좀 보라고!"
>
> 본문에서

① 매일 책을 읽는다.
② 지금 게임을 하고 있다.
③ 평소에 게임을 많이 한다.
④ 게임을 시작하면 푹 빠진다.
⑤ 지금 엄마가 부르는 말에 대답하지 않았다.

아·이·들·을·위·한·P·S·A·T·와·L·E·E·T

2 다음 글과 가장 잘 어울리는 제목은?

> 그때 무엇인가 꼼지락꼼지락거려요.
> "누구야?"
> 범이가 다가가자 쏙 숨어 버려요.
> 범이가 돌아서면 다시 꼼지락꼼지락.
> 범이는 궁금해서 못 참겠어요.
> "우리 집에 오고 싶으면 와도 돼!"
> 하지만 꼼지락거릴 뿐 나올 생각을 안 하네요.
> "괜찮아. 여긴 나밖에 없어.
> 우리 집에 정식으로 초대 할게."
> "고마워!"
> 사뿐 책 밖으로 나오는데, 범이가 좋아하는 백설 공주예요.
> 그 뒤를 올망졸망 일곱 난쟁이들도 따라 나와요.
>
> 본문에서

① 숨어 버린 책

② 도망가고 싶은 책

③ 범이와 일곱 난쟁이

④ 범이를 초대한 백설공주와 일곱 난쟁이

⑤ 책 밖으로 나온 백설 공주와 일곱 난쟁이

일기 쓰고 싶은 날

니시카타 타쿠시 글·그림 | 김소연 옮김
천개의바람

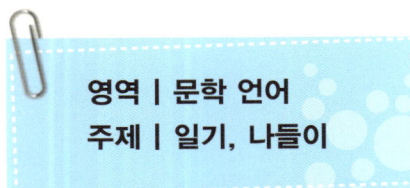

영역 | 문학 언어
주제 | 일기, 나들이

1. 관찰력을 기를 수 있다.
2. 경험한 일을 자유로운 방법으로 기록하고 재미있게 표현할 수 있다.
3. 일기에 대해 친근하게 다가갈 수 있고 나만의 나들이 일기책을 만들 수 있다.

줄거리

아이들과 함께 박물관 나들이를 다녀온 또박이 삼촌은 아이들에게 나들이 일기 쓰는 법을 가르쳐 준다. 특별한 나들이가 아니라 가까운 동네를 산책하는 것만으로도 충분히 재미난 이야깃거리를 찾을 수 있음을 알려 준다. "일기책은 즐거웠던 일을 언제까지나 담아 둘 수 있는 나만의 책이야. 같이 만들어 보자!"라고 이야기하면서 자연스럽게 일기 쓰고 싶은 날이 된다.

도서 선정 이유

초등학교 입학 후에 '일기'는 학부모나 아이들에게 적잖은 골칫거리이다. 일기를 쓸 때 뭔가 특별한 일을 써야 한다거나 잘 갖추어진 문장으로 써야 한다는 부담감을 갖고 있기 때문이다. 이 책은 나들이 일기책을 통하여 나만의 일기를 자유롭고 다양한 방법으로 쓸 수 있도록 이끌어 준다. 일기를 처음 시작하는 아이들, 반복되는 일상을 억지로 쓰는 아이들은 이 책을 통해서 재미있고 신나는 일기 쓰기를 경험할 수 있다.

1 표지의 그림과 제목을 보세요. 누가 주인공이 되어 어떤 이야기를 펼칠까요?

2 표지 그림에는 손으로 그린 그림 말고 다른 것들도 눈에 띄네요. 어떤 것들이 있나요?

3 '일기'에 대해 알고 있는 것을 말해 보세요.

4 일기를 재미있게 쓰는 나만의 방법이 있나요?

1 또박이 삼촌은 별이와 달이에게 어디로 나들이를 가자고 했나요?

2 또박이 삼촌은 박물관 나들이에서 겪은 일들을 일기책에 꾸몄어요. 그 내용과 <u>다른</u> 것을 골라 ◯ 표시를 해 보세요.

> **TIP**
> 겪은 일이란 보거나 들은 일, 한 일, 생각하고 느낀 것들을 말해요.

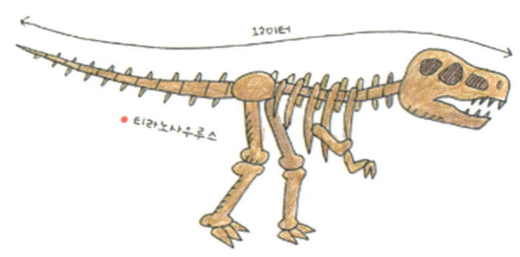

3 가까운 곳 나들이에서도 재미있는 일들을 찾을 수 있어요. 어떤 일들을 찾아냈는지 그림을 보고 설명을 써 보세요.

4 또박이 삼촌과 별이 그리고 달이는 나들이 일기책을 다 만들고 나서 여러분에게 나들이 일기책에 대해 말해 주고 있어요. 뭐라고 말했는지 빈칸을 채워 보세요.

오랜 시간이 지나도 언제든지 (　　　　) 일기책을 펼치면 그때의 (　　　　)를 만날 수 있답니다.

1 또박이 삼촌은 왜 별이와 달이에게 박물관 나들이를 가자고 했을까요?

_____

_____

_____

2 담장 너머에 우산을 쓴 친구들이 보여요. 비 오는 날 나들이를 하고 있는 아이들은 어떤 말을 주고받는지 상상해서 말풍선에 넣어 보세요.

3 별이와 달이처럼 '나들이 일기'를 쓰면 어떤 좋은 점들이 있을까요?

_____

_____

_____

4 공원에서 아이들이 도란도란 이야기를 나누고 있어요. 등장인물들이 하는 말을 말풍선에 써 보세요. 어떤 말들이 오고 갈까요?

책을 내 것으로 만드는 아이들

1 여러분의 나들이 중에서 가장 즐거웠던 나들이는 어떤 것이었나요?

2 여러분이 가 본 박물관에 대해 이야기해 보세요.

> **TIP**
> 박물관은 우리가 사진이나 그림으로 본 것을 실제로 보고 느낄 수 있게 해 주는 곳이니까 그곳에서 배운 내용을 오래 기억하기 위해 나들이 일기를 꼭 쓰는 것이 좋겠어요.

3 여러분도 나들이 일기를 써 본 적이 있나요?

4 나들이 일기를 쓸 때, 책에 있는 방법들 중에서 따라해 보고 싶은 방법이 있다면 어떤 것인가요?

보기	색종이 오려 붙이기 신문지 찢어 붙이기 털실 붙이기
	예쁜 포장지 오려 붙이기 그림 그리기 입장권이나 브로슈어 붙이기

5 별이는 비가 와서 나들이 일기를 못 쓰겠다고 말했어요. 비 오는 날엔 나들이 일기를 쓸 수 없을까요? 만약 여러분이라면 어떻게 할까요?

만약 나라면 _____ 하겠어.

왜냐하면 _____ 니까.

6 별이와 달이의 일기에는 글이 빠져 있네요. 별이 또는 달이가 꾸민 일기를 보고 겪은 일을 글로 풀어서 써 볼까요?

TIP 일기가 잘 떠오르지 않으면 책 속의 동네 구경 장면을 다시 보고 써 보세요. 생각이나 느낌을 넣어서 쓰면 더욱 좋아요.

20   년   월   일   요일

날씨

제목

1 나들이 일기 쓰는 방법에 대해 잘 모르고 있는 친구는?

> "나들이 갔다 돌아오면 본 것, 느낀 것을 떠올려 봐. 가져온 것도 정리하고.
> 자, 나들이 일기책을 만들어 볼까?"
> 또박이 삼촌이 말했어요.
> "잘 만들지 못해도 괜찮아. 나만의 나들이 일기책이니까 마음껏 해 보는 거야."
> "난 크레파스로 오리를 그릴 거야."
> "난 비행기구름을 만들고 싶어."
>
> 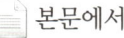 본문에서

① 현수-나는 미술관 입장권과 설명서를 붙였어.
② 진희-나는 가는 도중 버스에서 찍은 사진을 붙였어.
③ 은혜-나는 그림을 못 그려서 사진과 글로 풍경을 나타냈어.
④ 솔이-나는 본 것을 그림으로 그리고 내 생각과 느낌을 덧붙였어.
⑤ 선규-나는 어제 어머니에게 혼 난 일에 대해 반성하는 일기를 썼어.

2 나들이를 다녀오면 나들이에서 경험한 일들을 일기로 남겨두는 일은 매우 중요한 일입니다. 나들이 일기를 쓸 때 가장 먼저 할 일은 무엇입니까?

① 나들이 일기책을 잘 보관한다.
② 나들이에서 가져온 것들을 잘 정리한다.
③ 무엇을 그리고 어떻게 꾸밀지 생각한다.
④ 밑그림을 그리고 크레파스나 색연필로 예쁘게 색칠한다.
⑤ 신문이나 색종이 등 여러 재료를 이용하여 재미있게 꾸며 준다.

3 나들이 일기의 <u>가장 좋은 점</u>은 무엇일까요?

> "오늘은 비가 와서 밖에 못 나가니까 나들이 일기를 못 쓰겠네."
> 별이가 중얼거리자 또박이 삼촌이 말했습니다.
> "쓰고 싶을 때 쓰면 돼. 마음대로 쓸 수 있으니까 재미있는 거야."
> 　나들이 일기책에는 내가 보고 느끼고 생각한 여러 가지가 담겨 있어요. 오랜 시간이 지나도 언제든 나들이 일기책을 펼치면 그때의 나를 만날 수 있답니다.
>
> 　　　　　　　　　　　　　　　　　　　　　📄 본문에서

① 글 솜씨를 늘려 준다.
② 맑은 날에만 쓸 수 있다.
③ 일기를 오래 간직할 수 있다.
④ 다른 친구들에게 내 생각을 알려 준다.
⑤ 내가 보고 느낀 것을 자유롭게 나타낸다.

독서만이 가다가 중지해도 간 것만큼 이득이다.

| 로직아이 샘 〈빨강〉 - 4단계 | 로직아이 샘 〈파랑〉 - 6단계 | 로직아이 샘 〈노랑〉 - 6단계 | 로직아이 샘 〈초록〉 - 6단계 |

김태옥 교수를 비롯하여 현직 초등학교 교사와 대학교 전공 교·강사, 독서지도사 전문강사, NIE강사, 논술지도 강사 그리고 방과후 학교 교사 등 150여 명의 집필 위원이 아이들에게 실제로 적용하면서 만든 국내 유일의 독서지도만을 위한 교재(YES24, 인터파크, 알라딘 등 인터넷 서점이나 교보문고에서 〈독서지도교재〉를 검색해 보세요.)

(글쓰기와 논술 그리고 토론은 교사를 잘못 만나면 가르치지 않는 것만 못하다. 그러나 독서지도는 엄마가 같이해도 좋고 선생님과 같이해도 좋다. 사랑을 같이한 시간만큼 이득이다.)

로직아이 리딩교육원은 여러분을 독서지도전문가의 길로 안내해 드립니다!

작가, 작품을 말하다! 코너에서는 김향이, 소중애, 원유순, 배유안, 이규희, 권영상, 한정기, 임정진, 손연자 선생님 등 동화작가들의 동영상 강의를 로그인만 하면 무료로 보고 들을 수 있습니다!

독서지도사 양성과정

14명의 국내 최고의 전문가들로 이루어진 독서지도사 양성과정 자격증 시험 실시

글쓰기 교재 〈쓰마〉 해제강의

유치원생과 초등학생을 지도 하시는 학부모와 선생님은 글쓰기 교재 〈쓰마〉 해제 강의를 들을 수 있습니다(편당 2,000원).

(03998) 서울시 마포구 잔다리로 120 (서교동 457-6) 303호
전화 : (02)747-1577 팩스 : (02)747-1599

돌깨비아이

그리고 봄이

흙붓북한 손도화 선생님 유고 독서문통

돌깨비아이 봄
1. 봄체

〈로직아이 샘〉과 길라잡이 사용 방법

| 특징 |

1. 〈로직아이 샘〉 1권은 6편의 동화로 구성되어 있으며, 동화 1편은 표지 포함 10쪽으로 이루어져 있다.
2. 〈로직아이 샘〉은 독서지도사, 방과후 학교 교사, 글쓰기 논술 학원 교사 그리고 서술식 문제로 출제 평가하는 초등학교 중학교 교사에게 필요한 교재이다.
3. 동화 한 편의 워크북은 90분 수업에 적합하도록 구성했다.
4. 6권의 필독서이므로 한 달 반 또는 세 달 사이에 교재 한 권의 진도를 나갈 수 있다.
5. 한 권의 독서지도 교재에는 5개 영역(문학 언어, 인문 예술, 사회, 역사 인물, 과학 탐구)을 담되, 1권당 문학 언어 영역이 1/2이 넘도록 했다.

1학년은 1단계, 2학년은 2단계, 3학년은 3단계, 4학년은 4단계, 5학년은 5단계, 6학년은 6단계로 구분했지만, 아이들의 취향이나 선생님의 지도방법에 따라 선택 지도할 수 있다.

| 각 꼭지 별 내용 |

* 각 작품의 첫 쪽에는 책의 줄거리와 도서 선정 이유를 담고 있다.

'책을 펴는 아이들'은 읽기 전 활동에 해당한다.

'책을 다시 읽는 아이들'은 책을 다 읽은 후에 책의 내용을 다시 한 번 점검하는 활동을 담고 있다.

'책을 깊게 읽는 아이들'은 주제를 심화시키는 활동에 해당한다.

'책을 내 것으로 만드는 아이들'은 독서 내용을 확장하는 활동 꼭지이다.

'아이들을 위한 PSAT와 LEET'는 논리적인 사고를 훈련하는 꼭지다. PSAT(공직적성평가)와 LEET(법학적성평가) 형식의 문제 유형을 초등학생 버전으로 만든 것이다.

또박또박 반갑게 인사해요

책을 펴는 아이들(5쪽)

1. [예시답]
안녕하세요? / 반갑습니다. / 고맙습니다.
[길라잡이]
책을 읽기 전 인사할 때 인사말을 또박또박해야 하며 반갑게 인사해야 한다는 것을 알고 있는지를 책 표지를 근거로 알아보는 활동이다.

2. [예시답]
"안녕하세요."는 형식적으로 하는 인사예요. / 대답을 안 들어도 되는 인사예요.
"안녕하세요?"는 상대방에게 답을 듣고 싶어 하는 인사예요. / 어떤 일이 있는지, 괜찮은지 묻는 인사예요.
[길라잡이]
말놀이를 통해 인사에 대한 흥미와 재미를 이끄는 활동이다. 처음에는 "안녕하세요!"의 '안'을 크게 말하고 두 번째는 "안녕하세요!"의 '녕'을, 세 번째는 '하', 네 번째는 '세', 다섯 번째는 '요!'를 크게 하는 놀이이다. 이 놀이에서는 리듬감이 중요하다. 음의 높낮이를 생각해서 말하다 보면 더욱 재미를 느낄 수 있다. 이 놀이를 몇 번 반복해서 하면 우리말이 더욱 친숙해지고 발음도 잘할 수 있다.

그리고 마지막으로 "안녕하세요?"에서 '요?'를 올려서 묻는 방법으로 전체적으로 큰 목소리로 인사하도록 이끌면 된다. 이 활동을 통해 각각 어떤 경우에 하는 말인지를 이야기해 보면 그 의미와 사용을 알 수 있다.

"안녕하세요!"는 형식적인 인사로 상대의 정보를 알고 싶어서가 아니라 사람을 처음 볼 때 나누는 인사이다. 굳이 답을 하지 않아도 되는 인사로서 친하지 않은 경우에도 한다. "안녕하세요?"는 대답을 요구하는 인사이다. 주로 친한 사이에 하는 인사로 어떤 일이 있었는지 또는 요즘 괜찮은지를 묻는 인사이다. 두 인사 모두 좋은 관계를 유지하겠다는 인사이다. 인사는 많이 할수록 좋다. 아는 사람을 처음 만나면 책제목처럼 또박또박 반갑게 인사를 하고, 두 번째 만나면 가볍게 눈인사를 하면 되고 친한 정도에 따라 손을 흔들거나 안기도 한다고 알려 주면 된다.

3. **[정답]** | 웃는 표정-포포

   [길라잡이]
   인사할 때의 표정은 찡그리거나 비웃거나 놀란 표정이 아니라 밝고 건강하게 웃는 표정으로 해야 한다. 그리고 인사를 했을 때와 하지 않았을 때의 차이점을 생각해 보면 더욱 인사를 잘하게 될 것이다. 왜냐하면 인사를 잘해서 혼나는 경우가 없고 인사를 잘하면 어른들이나 친구들도 반갑게 맞이하기 때문이다.

 책을 다시 읽는 아이들(6~7쪽)

1. **[정답]**
   여우 박사님, 포포, 키키, 선생님, 동물 친구들
2. **[정답]**
   포포는 말도 하고, 생각도 하고, 뛰어놀 수도 있다.
3. **[정답]** | "다녀왔습니다."
4. **[정답]** | 박사님이 인사말 기능을 잘못 입력했다.
5. **[정답]** | 귀뚜라미 로봇 키키
6. **[정답]**
   - 밖에 나갈 때 : 다녀오겠습니다.
   - 학교에 도착해 선생님을 만났을 때 : 안녕하세요!
   - 간식을 먹을 때 : 잘 먹겠습니다.
   - 모래성을 건드렸을 때 : 미안해!
   - 집에 돌아갈 때 : 안녕히 계세요!
7. **[정답]** | 고마워!
8. **[정답]** | 다녀왔습니다.

 책을 깊게 읽는 아이들(8~9쪽)

1. **[예시답]**

"다녀오겠습니다." "잘 다녀오너라." – 외출할 때 주고받는 인사말	"안녕하세요!" "안녕! 네가 포포구나. 우리 잘 지내자." – 처음 만나 하는 인사말
"미안해!" – 잘못했을 때 사과하는 인사말	"잘 먹겠습니다." – 음식을 먹을 때 하는 인사말

   [길라잡이]
   첫 번째 그림은 포포가 유치원에 가는 장면이다. 그래서 포포도 그에 맞는 인사를 하고 박사님도 포포가 유치원에 잘 다녀오길 바라는 마음에서 말한다. 두 번째는 포포가 처음 유치원에 가서 선생님을 만나는 장면이고, 세 번째는 포포가 친구의 모래성을 건드리고 미안하다고 사과하는 장면이다. 네 번째는 음식을 먹는 그림이다. 우리는 때와 장소에 따라 인사말이 다르다는 것을 알 수 있다.
   만약 모든 상황에서 같은 인사말을 한다면 사회적 약속이 어긋나고 의사소통이 어려워질 것이다. 때와 장소에 따라 예법에 맞게 인사하는 것은 상대방을 배려하는 것이며, 다른 사람과 좋은 관계를 갖게 하므로 인사법을 잘 배워 상황에 맞게 인사하도록 한다.

2. **[예시답]**
   포포가 여전히 인사말을 잘 사용하지 못했을 것이다. / 인사말을 잘 사용하지 못해 친구들에게 놀림을 당했을 것이다.

   [길라잡이]
   여우 박사님은 포포에게 인사말을 잘못 입력했다는 것을 알고 키키를 함께 보내 포포가 인사말을 잘할 수 있도록 돕게 한다. 만약 포포를 도와주지 않았다면 포포는 계속해서 인사를 잘하지 못했으리라는 것을 추론할 수 있다. 만약에 친구들이 놀린다고 답하는 친구가 있다면 선생님이나 학부모는 친구가 잘못했다고 놀리는 행동은 옳지 않다는 것도 언급해 주어야 한다. 인사말을 잘하지 못하는 친구가 있다면 인사법을 제대로 가르쳐 주거나 나중에 기분 나쁘지 않게 따로 이야기해 주는 것이 좋다고 말해 주면 아이들도 고칠 수 있다.

3. **[예시답]**
   포포는 온종일 인사말을 고쳐 준 키키에게 고맙고 미안한 마음으로 과자를 건네주었다.

   [길라잡이]
   위 2번 질문에서 이미 포포에게 키키가 고마운 존재라는 것을 알 수 있었다. 포포는 키키가 없었다면 자신이 인사를 제대로 하지 못했으리라는 것을 알고, 고마운 마음을 표현하려고 했음을 알려 준다. 고마운 마음을 반드시 표현하도록 알려 주면 아이들도 실천하기가 좋을 것이다.

4. **[예시답]**
   포포가 여전히 인사말을 잘 사용하지 못하기 때문이다. / 다녀왔다는 인사말을 집에 오자마자 하지 않고 시간이 지난 다음에 했기 때문이다. / 이제야 제대로 인사하는 방법을 알았다고 생각했기 때문이다.

   [길라잡이]
   여우 박사님의 마음이 어떠했는지를 알도록 하는 문제다. 포포에게 인사말을 잘못 입력한 여우박사는 온종일 맘 졸이며 포포가 돌아오기를 기다렸다. 그런 박사님이 포포가 밖에 다녀와서 '다녀왔습니다.'라고 바른 인사말을 하자 안심하고 안도하며 기뻐서 웃었다는 것을 알려 줄 필요가 있다. 이때의 웃음은 기분 좋은 웃음일 것이다.

책을 내 것으로 만드는 아이들(10~11쪽)

1. [예시답]
"우리, 잘 지내자.": 기분이 좋다. / 잘 지내고 싶은 마음 / 흐뭇한 마음

"맛있게 먹으렴.": 고마운 마음 / 행복한 마음 / 감사한 마음

"괜찮아, 나랑 같이 모래 놀이 할래?": 즐거운 마음 / 기쁜 마음 / 신나는 마음

[길라잡이]
서로에게 인사하는 말을 통해 다양한 마음을 이야기할 수 있다. 이 경우에 질문의 답이 비슷하거나 겹칠 수 있다. "우리, 잘 지내자.", "맛있게 먹으렴.", "괜찮아, 나랑 같이 모래 놀이 할래?" 등의 인사말은 긍정적인 말이기 때문에 답도 대부분 긍정적일 것이다. 그러나 이에 대해 이야기를 할 때 부정적이거나 장난스럽게 답하는 아이들도 있을 수 있는데 자연스럽게 긍정적인 마음을 이야기할 수 있도록 이끌 필요가 있다. 인사에도 올바른 마음이 중요하다.

2. [예시답]
"있다.": 집에 손님이 오셨다 가실 때 "안녕히 가세요."라고 해야 하는데 "안녕히 계세요."라고 잘못 말했고 빨리 다시 "안녕히 가세요."라고 했어요.
- 무엇을 먹으라고 할 때 "잘 먹겠습니다."라고 해야 하는데 "잘 먹었습니다."라고 말하고 부끄러워서 그냥 먹기만 했어요.

"없다."

[길라잡이]
이 문제에 대해 "있다"고 말할 수도 있고, '없다'고 말할 수도 있다. "있다."고 말하는 경우는 다른 사람에게 인사를 하지 않았거나 인사를 제대로 하지 못한 경험이 있는지, 그때 어떻게 했어야 좋았는지를 발표하게 한다. 주의할 점은 발표할 때 솔직하게 말하는 것이 부끄러운 것이 아님을 알려 주고 자신의 경험을 솔직하게 말할 수 있게 하면 된다. 또한, 잘못 인사하여 고쳐서 다시 인사했다고 하면 칭찬을 해 주어야 아이들 그것이 좋다는 것을 알게 된다. 그리고 머뭇거리다 인사를 다시 하지 못했다고 하면 다음부터 인사를 잘하도록 독려하면 된다. 누구나 실수할 수 있는데 다음부터 잘하면 아무런 문제가 없음을 알려 주는 것이 필요하다.
만약 아이들이 "없다."라고 말하는 경우에는 굳이 말하게 하는 것보다 "있다."의 예시를 들려주고 그 방법을 알려 주는 것이 바람직할 것이다.

3. [예시답]
인사하는 까닭
처음 만나서 친해지려고 해요. / 잘못했을 때는 사과하려고 해요. / 고마운 일이 있을 때는 감사의 마음을 전하려고 해요.

인사했을 때 / 하지 않았을 때의 차이점
친구끼리 서로 인사하면 친하게 지낼 수 있고, 인사를 하지 않으면 서로 눈치를 보거나 어색하게 지낼 수 있다. / 어른들에게 인사를 잘하면 용돈도 잘 주시지만, 인사를 잘하지 않으면 용돈은 커녕 조그만 일에도 혼나기도 한다.

[길라잡이]
인사하면 기분이 좋아지고 사이가 좋아진다. 그리고 친해지거나 칭찬을 들을 수 있다. 인사를 하지 않으면 기분이 나쁘고 친해지고 싶지 않다. 그리고 어른께 혼날 수도 있다. 우리나라는 예를 중시하여 다양한 인사법을 가지고 인사를 한다. 인사를 하는 것은 상대방에 대한 예의를 나타내고, 존경과 관심을 표현할 수 있다. 인사를 하면 상대에게 좋은 인상을 줄 수 있고, 상대와 친밀감을 키울 수 있다는 것을 알려 주고 인사를 습관화하도록 한다.

4. [예시답]
선우야, 네가 지난번에 민재의 연필을 부러뜨렸는데 어떻게 말해야 하느냐고 물었지? 그런데 나도 잘 몰라서 답을 못 해주었는데 『또박또박 반갑게 인사해요』라는 책을 읽으니 친구에게 잘못하면 "미안해!"라고 하면 된다는 것을 알았어. 민재한테 미안하다고 말하면 될 것 같아.

[길라잡이]
책을 읽고 새롭게 알게 된 인사말 중 다른 사람에게 알려 주고 싶은 것이 있다면 글이나 그림 중 자신 있는 방법으로 자유롭게 표현하게 하는 활동이다. 글의 형식은 어렵지 않게 편지 형식이나 문자 형식으로 유도하고, 그림도 만화 형식의 말 주머니를 넣는 것도 괜찮다. 독후 표현은 일정한 형식을 제시하는 것도 좋으나 여러 가지 방법을 제시해 주고 그중에서 자유롭게 골라 하도록 하면 의외의 창의성을 발견할 수도 있다.

아이들을 위한 PSAT와 LEET(12~13쪽)

1. **[정답] | ①**
   [길라잡이]
   포포가 잘못 인사한 것을 키키가 고쳐 주었다는 것을 추론할 수 있는 문제이다. 만약 다른 번호의 답을 고른다면 다음과 같이 설명할 수 있다. ②의 경우 키키가 귓속말을 했다는 사실보다 귓속말로 가르쳐 준 인사말이 더 중요하다. ③은 처음 만난 선생님이라는 사실보다 인사말을 어떻게 하는가가 중요하다. ④는 선생님이 놀란 것이 중요한 것이 아니라 어떤 말로 인사하느냐 하는 것이 더 중요하다. ⑤는 어른에게 하는 인사가 "다녀오겠습니다.", "안녕하세요."만 있는 것이 아니라 다양한 인사말이 있음을 알려 주고 포포가 처음에 인사한 말과 끝에 인사한 말이 같은지, 이 상황에서 어떻게 인사해야 하는지를 알려 주고 "안녕하세요."로 고친 상황이니 인사말 고치기가 답이라는 것을 설명해 준다.

2. **[정답] | ③**
   [길라잡이]
   이 문제는 전체의 흐름을 근거로 결론을 추론하는 문제이다. 포포는 자신이 잘못했는데도 불구하고 고맙다고 말했다. 그래서 키키가 "잘못했을 때는 '미안해.'라고 하는 거야."라고 고쳐 주었고 포포는 제대로 알아들었다. 따라서 다시 말을 한다면 '미안해'라고 말해야 자연스럽다. 따라서 정답은 ③이다.
   이 질문에 답하기 어려워하는 친구가 있다면 "다른 친구에게 잘못했을 때 무엇이라고 말하니?" 하고 질문해 보면 쉽게 답을 유도할 수 있다. 간혹 토끼에게 하는 말이 아니라 키키에게 하는 말로 착각할 수도 있으니 문제를 잘 읽고 답하도록 유도할 필요가 있다.

3. **[정답] | ④**
   [길라잡이]
   이 문제는 근거 없이 추론하는 문제가 아니라 지문의 내용을 읽고 알 수 있는 사실을 확인하는 사실 부합 여부를 묻는 문제이다. 정답을 고르지 못했다면 ①은 지문에서 아기 여우 로봇을 만들었다는 것을 근거로 사람이 아님을 알려 줄 수 있고 ②는 기분이 좋아서 폴짝폴짝 뛰었다는 것을 근거로 기뻐하거나 좋아하는 상황이라는 것을 말해 줄 수 있으며 ③은 박사님이 만든 로봇이 포포이지 친구라는 내용이 지문 안에 없음을 알려 줄 필요가 있다. ⑤는 지문의 글만으로는 알 수 있는 내용이 아니다. 그러나 포포가 "내 이름은 포포, 내 이름은 포포."라고 말한 것으로 보아 포포가 사람처럼 말도 한다는 사실을 알 수 있다. 따라서 정답은 ④이다.

다다다 다른 별 학교

책을 펴는 아이들(15쪽)

1. **[정답] | ④**
   [길라잡이]
   '시도 때도 없이'의 비슷한 말과 반대말을 알아볼 수 있다. 비슷한 말은 '언제나', '늘', '항상', '자주' 등이고 반대말은 '가끔', '한 번씩', '이따금', '드문드문', '때때로', '어쩌다', '종종' 등이다.

2. **[정답] | ③**
   [길라잡이]
   우는 이유는 상황에 따라 다른 것이기 때문에 옳고 틀린 문제가 아니다. '다르다'는 말은 "비교되는 두 대상이 서로 같지 않다."는 뜻이다. 예컨대, "쌍둥이도 서로 성격이 다르다." "우리 모둠과 다른 모둠의 실험 결과가 다르게 나왔다."라고 쓴다. 그러나 '틀리다'라는 말은 "셈이나 사실 등이 그르거나 어긋나다."는 뜻이다. 예컨대, "주인 아저씨가 계산을 틀리게 하셨다." "수학 시험을 보고 답이 많이 틀려서 속상했다."라고 쓴다. "울보쟁이는 언제나 다른 이유로 눈물이 난다."고 해야 한다. 그러므로 ③이 정답이다.

3. **[정답]**
   ① 욕심쟁이 ② 양복장이 ③ 수다쟁이 ④ 고집쟁이
   ⑤ 개구쟁이
   [길라잡이]
   접미사 '쟁이'와 '장이'를 알맞게 사용할 수 있다. '쟁이'는 '어떤 습성을 가진 사람'을 뜻한다. 예컨대 '욕심쟁이(욕심이 많은 사람)', '수다쟁이(말이 많은 사람)', '고집쟁이(고집을 많이 부리는 사람)', '개구쟁이(장난을 많이 치는 사람)'와 같이 쓴다. 그러나 '장이'는 '그것과 관련된 기술을 가진 사람'을 뜻한다. 예컨대, '양복장이(양복 만드는 일을 하는 사람)', '대장장이(쇠를 달구어 연장을 만드는 사람)', '미장이(건축할 때 흙, 시멘트를 바르는 사람)', '옹기장이(옹기 만드는 일을 하는 사람)'와 같이 쓴다.

4. **[정답]**

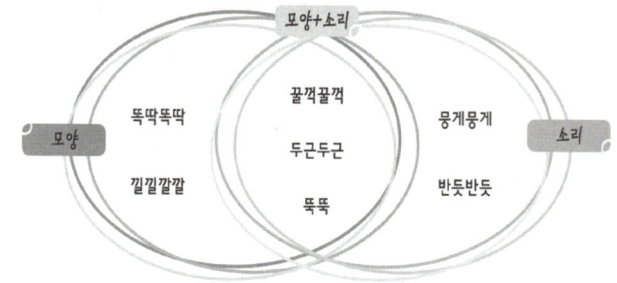

4

[길라잡이]
흉내 내는 말 중에서 소리와 모양을 나타내는 말을 구분할 수 있다. '의성어'는 '사람이나 사물의 소리를 흉내 낸 말'이고 '의태어'는 '사람이나 사물의 모양 또는 움직임을 흉내 낸 말'이다. 그런데 '꿀꺽꿀꺽', '두근두근', '뚝뚝'은 소리와 모양을 함께 사용하는 말이므로 겹치는 부분에 들어가도록 지도할 필요가 있다.

 책을 다시 읽는 아이들(16~17쪽)

1. [정답] | 작아도 별
2. [정답]

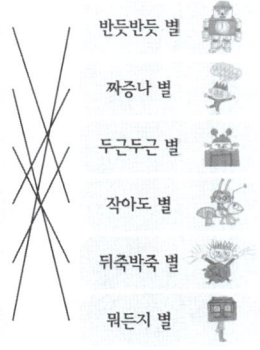

3. [정답] | ④
   [길라잡이]
   마음 상태를 나타내는 단어를 이해하는 문제이다. '행복'은 '생활에서 충분한 만족과 기쁨을 느끼는 상태'이고 '불안'은 '마음이 편하지 않고 조마조마함'을 뜻하고, '초조함'은 '애가 타서 마음이 조마조마함'을 의미한다. '호기심'은 '새롭고 신기한 것을 좋아하거나 모르는 것을 알고 싶어하는 마음'인데 물음표 별에 사는 친구들의 마음이라고 할 수 있다. 따라서 ④가 답이다. '자신감'은 '스스로를 가치 있다고 믿는 감정'을 뜻한다.

4. [정답] | 생각대로 별
5. [정답] | 시간표
6. [정답] | 장난쳐 별
7. [정답] | 다알지 별

 책을 깊게 읽는 아이들(18~19쪽)

1. [예시답]
   모두 다르게 생긴 아이들이 제각각의 모습으로 앉아서 선생님을 기다리고 있었기 때문이다.
   [길라잡이]
   새 학년이 시작되는 첫날의 교실은 기대와 긴장감이 함께 감돈다. 아이들이 경험했던 새 학년 첫날의 분위기를 이 책의 첫 페이지를 보면서 비교해 본다. 이때 아이들의 마음과 선생님의 마음도 함께 알아본다.

2. [예시답]
   뭐든지 계획대로 움직이고 시간표 안에 표시되어 있는 일들이 많기 때문이다.
   [길라잡이]
   자신의 하루 일과를 친구들과 이야기해 보고 시간표를 짜면 어떤 점이 좋을지 알아본다. 미리 계획을 짜서 생활하면 좋은 점을 지도한다.

3. [예시답]
   엄마가 폭발한 아이의 마음을 꺼 주니까. / 엄마가 짜증 불꽃을 꺼 주니까. / 엄마는 내 이야기를 잘 들어주신다. 이야기를 하다 보면 마음이 풀린다. / 엄마가 꼭 안아 주면 마음이 진정된다. 엄마 냄새는 나를 차분하게 만들어 준다. / 엄마는 내 고민을 해결해 주는 해결사다.
   [길라잡이]
   아이들이 가장 가깝게 느끼고 사랑하는 대상은 엄마이다. 엄마보다 아빠나 할머니, 다른 친척과 사는 아이들은 그분들을 가깝게 생각한다. 책에서는 엄마 소방서라고 되어 있지만 아빠 소방서, 할머니 소방서, 고모 소방서, 언니 소방서라고 바꾸어서 자기의 마음을 어떻게 달래고 위로받는지 이야기해 보는 것도 좋을 것이다. 여기서는 '폭발'과 '소방서'의 관계를 생각해 보는 것도 필요할 것이다.

4. [예시답]

[길라잡이]
숨바꼭질 별 페이지에서 숨어 있는 친구를 찾아보면서 자신은 부끄러워서 숨고 싶을 때가 있었는지 그것을 어떻게 극복했는지 친구들끼리 이야기해 보도록 유도한다.

5. [예시답]
   뜨거운 것을 식혀 주는 엄마가 빨리 오면 좋겠다.
   [길라잡이]
   거꾸로 별 아이들은 자기의 마음을 반대로 표현한다.

엄마가 늦게 오시면 좋겠다는 말은 엄마가 빨리 와서 자기와 시간을 함께 보내 주기를 바라는 마음이다. 가까운 가족이나 친구에게 사랑하고 좋아하는 마음을 표현하기 쑥스러워 반대로 이야기할 때가 많다. 마음을 표현하는 것은 부끄러운 일이 아니라는 것을 알려 줄 필요가 있다.

책을 내 것으로 만드는 아이들(20~21쪽)

1. [예시답]
① 나는 '눈물나 별'에서 왔어. 책을 읽거나 영화를 볼 때 시도 때도 없이 눈물이 흐르고 심지어는 기쁜 일이 있어도 눈물이 나. 내 마음을 이야기할 땐 눈물부터 나와. 너무 울어서 창피할 때가 많아.
② 나는 '생각대로 별'에서 왔어. 나는 새로운 발명품에 대한 생각을 많이해. 그래서 항상 내 주변에 필요한 물건이 있나 하고 관심을 갖고 살펴봐.

[길라잡이]
아이들 모두는 각자 어떤 별에서 왔는지 생각해 보고 다른 친구들과 이야기하면서 우리 모두는 다르고 그 다름을 이해해야 함께 잘 지낼 수 있다는 것을 지도해야 한다.

2. [예시답]
무엇이든 하기 싫어하는 나는 '미루기 별'에서 왔어. 뒤로 미루기 별에서는 무엇이든 빨리 하는 법이 없지. 숙제나 목욕은 물론 방 정리도 다른 사람이 해 주기만 기다리고 있지. 그래도 엄마 호통 한 번이면 금방 해 버려. 엄마는 미루기 별에서 최고의 해결사야.

[길라잡이]
책에 나온 별 외에 자신의 성격, 습관, 외모의 특징을 생각해 보고 자유롭게 별 이름과 특징을 표현해 본다.

3. [예시답]
눈 마주치며 인사하기, 친구가 당황할 때 도와주기, 친한 친구들끼리 몰려다니지 않기, 친구가 잘하는 것 찾아서 칭찬해 주기, 놀이 시간에 함께 하자고 먼저 말 걸어 주기, 생일 파티에 초대하기

[길라잡이]
자신과 다른 친구라고 해서 무관심해하지 말고 고민을 가지고 있거나 어려운 처지에 있는 친구를 도와주는 것이 중요하다는 것을 지도한다. 학교나 사회에서는 혼자 살 수 없고 모든 구성원이 함께 잘 지내야 한다는 점을 이해시킨다.

4. [예시답]

관계	별의 이름과 특징
아빠	아 맛나 별 : 가족들이 남긴 음식을 다 드신다. 싫어하는 음식도 남기는 음식도 없다.
엄마	반듯반듯 별 : 해야 할 일을 잊지 않고 순서대로 잘 지키신다. 무엇이든 정리를 잘하신다.
오빠	짜증나 별 : 사춘기 오빠는 매일 짜증을 낸다. 문을 닫고 들어가 혼자 있는 시간이 많다.
동생	물음표 별 : 세상일이 모두 궁금한 동생은 하루 종일 나를 따라다니며 자꾸 질문을 한다.

[길라잡이]
가장 가까운 가족들도 비슷한 점보다 다른 점이 더 많다. 가족은 편한 만큼 이해하려는 마음보다는 자신을 이해해 주고 배려해 주기를 바란다. 그래서 쉽게 싸우고 미워하기도 한다. 자신과 다른 가족들의 특징을 살펴보고 이해해 보는 기회를 가질 수 있는 문제이다.

5. [예시답]

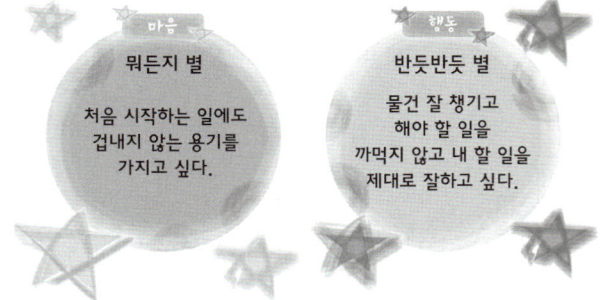

[길라잡이]
자기의 단점을 고치고 싶어 하는 마음과 친구들의 장점을 본받고 싶어 하는 마음을 함께 생각한다. 아이들이 원하는 모습을 알아보고 그런 모습이 되기 위해 같이 노력해 보자고 지도한다.

아이들을 위한 PSAT와 LEET(22~23쪽)

1. [정답] | ⑤
[길라잡이]
주장하는 글을 분석하여 결론을 찾는 추론 문제이다. "시도 때도 없이 눈물이 뚝뚝!" 난다는 문장의 이유를 찾으면 된다. 지문에서 접속사를 보고 주장과 이유를 찾을 수 있다. "눈물나 별에서는 마음이 눈물 바다랑 이어져 있어. 그래서 시도 때도 없이 눈물이 뚝뚝이라고 되어 있다." 따라서 "시도 때도 없이 눈물이 뚝뚝!" 흐르는 까닭은 ⑤ "눈물나 별에서는 마음이 눈물 바다랑 이어져 있기" 때문이다. 글을 읽을 때는 접속사의 역할을 생각하면서 읽는 것이 중요하다. 책을 읽을 때 주장

과 근거를 생각하면서 접속사에 유의하며 책을 읽도록 지도한다. 실컷 울고 싶어서 눈물이 나는 것도 아니고, 눈물나 별에 놀러갈 예정이어서 눈물이 나는 것도 아니다. 시도 때도 없이 눈물이 나는 이유에 대해 같은 말로 답하는 것은 잘못이고, 눈물나 별에서 온 것은 소개일 뿐이다. 따라서 ①, ②, ③, ④는 정답이 아니다.

2. [정답] | ③
   [길라잡이]
   공통점과 차이점을 알아보는 문제이다. '눈물나 별'의 그림을 보면 아이의 마음에 여러 가지 우는 모습이 씌어 있다. 사람들의 우는 모습은 다양한데 여기서는 한 가지 우는 모습이 다른 모습들과 다른 모습을 찾아내면 된다. 눈물은 대부분 슬플 때 흘리지만 간혹 기쁠 때도 눈물이 난다. 웃으며 우는 모습은 너무 행복하거나 엄청나게 기쁜 순간에 볼 수 있는 행동이다. ①, ②, ④, ⑤는 슬플 때 우는 모습이고 ③은 기쁘거나 행복이 벅차서 우는 모습이다.

3. [정답] | ④
   [길라잡이]
   사실 부합 여부를 추론하는 문제이다. 걱정이 많은 나는 두근두근 별에서 왔고 거기서 산 걱정주머니가 많기 때문에 ①과 ②는 맞는 사실이고 "커다란 걱정주머니 가게가 있다."고 했으니 ③도 알 수 있는 사실이다. "네 걱정주머니도 나한테 팔래?"라고 하는 문장을 보면 ⑤의 "다른 사람 걱정주머니도 사고 싶어 한다."는 사실을 알 수 있다. 그러나 ④의 "누구나 걱정주머니를 가지고 있다."는 문장은 글에도 없고 그런 사실을 이끌어낼 만한 문장들도 없다. 따라서 ④가 정답이다.

4. [정답] | ③
   [길라잡이]
   사실 부합 여부를 확인하는 문제이다. 글 내용을 근거로 사실인지 여부를 알아보는 문제이다. 뒤죽박죽 별의 특징은 치우기 싫어하는 사람들이 사는 별이니까 ②는 틀렸고, 뭐가 어딨는지를 다 아는 것은 비밀이니까 ①도 사실이 아니다. 온갖 게 뒤엉켜서 ④도 옳지 않다. "나는 뭐가 어디 있는지 다 아니까" ⑤도 사실이 아니다. 그러나 "엉망진창 정신이 없기" 때문에 ③이 정답이다.

크록텔레 가족

책을 여는 아이들(25쪽)

1. [정답]
   (1) 웅웅거리더니 / (2) 고래고래 / (3) 팍
   (4) 끙끙 / (5) 훌쩍

2. [정답]

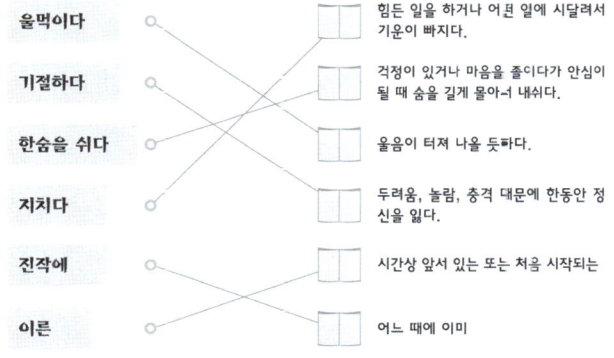

책을 다시 읽는 아이들(26~27쪽)

1. [정답] | 정말 너무해요!
   [길라잡이]
   텔레비전은 지칠 대로 지쳐서 끙끙 앓는 소리를 내며 잔기침도 하고 가래침도 내뱉으며 가족들에게 말했다.

2. [정답] | 할아버지

3. [정답] | 기절해 버렸어요.

4. [정답] | 휴가를 주자고 했어요.

5. [정답]
   단 한 사람도 즐겁지 않았어요. 또는 지루했어요.

6. [정답] | 텔레비전을 다시 데려오기로 했어요.

7. [정답]
   공룡 상상하기, 신나게 춤추기, 뜨개질하기, 금붕어 키우기, 청소하기, 빵 과자 만들기, 강아지랑 산책하기, 박물관 관람하기, 스키 타기, 책 읽기, 그네 타기, 전화로 수다떨기 등.
   [길라잡이]
   텔레비전이 가족들에게 말한 여러 가지 방법이 그림으로 나와 있다.

8. [정답] | 다시 행복해졌다.

책을 깊게 읽는 아이들(28~29쪽)

1. [예시답]
   화난 표정이나 지친 표정

[길라잡이]
가족들이 텔레비전만 보니까 몹시 지쳐서 쓰러질 것 같고, 도망가고 싶을 정도로 화가 나 있다.

2. [예시답] | 지긋지긋해! 도망가 버릴 거야.
[길라잡이]
1번 문제에 있는 말 중에 텔레비전이 한 말을 써도 된다. 텔레비전이 되어서 한 아이의 말도 인정해 준다. 하루 종일 지치고 힘든 텔레비전이 할 수 있는 말이면 인정해 준다.

3. [예시답]
휴식이 필요해서 휴가를 주기로 했지만, 텔레비전을 더 빨리 보고 싶은 마음에 일찍 데려다주었다.
[길라잡이]
할아버지께서 "텔레비전에게 열흘 동안 휴가를 주자!"라고 말씀하셨는데, 가족들은 지쳐서 쓰러진 텔레비전를 위해 휴가가 급한 일이라고 생각했지만 실은 텔레비전이 빨리 정상이 되어야 하루라도 일찍 텔레비전을 볼 수 있기 때문에 이른 새벽인데도 별장으로 데려다주었을 것이다. 여기서는 단지 가족들이 착해서라거나 바닷가 보고 싶어서라는 말은 적절하지 않다. 텔레비전과 관계가 없기 때문이다. 또한 휴가를 주기로 했으니까라는 대답도 적절하지 않다. 그것이 이른 새벽에 데려다준 이유로는 부족하기 때문이다.

4. [예시답]
집으로 돌아가고 싶지 않아! 아직 열흘이 안 됐다구! / 난 지금 즐겁게 지내는 중이야! 돌아가기 싫어!
[길라잡이]
텔레비전의 마음을 생각해 보는 것이 중요한 문제이다.

책을 내 것으로 만드는 아이들(30~31쪽)

1. [예시답]
아침에 30분, 낮에 30분, 저녁에 2시간 (2시간이요.)
[길라잡이]
이 문제를 통해 학생들의 가족이나 학생이 겪고 있는 상황을 떠올리면서 크록텔레 가족과 비교해 볼 수 있다. 학생들의 가족도 크록텔레 가족과 비슷한지, 아니면 그렇지 않은지 생각해 볼 수 있다.

2. [예시답]
좋은 점 – 혼자 있을 때 심심하지 않아요. 연예 프로그램이 재미있어요. 역사나 동물에 대해 알 수 있어요.
나쁜 점 – 눈이 나빠져요. 숙제나 해야 할 일을 못해요. 많이 본다고 엄마에게 혼나요.
[길라잡이]
텔레비전을 보면 좋은 점도 있지만 나쁜 점도 많다는

것을 깨닫게 해 준다. 다큐멘터리와 같은 교양 프로그램은 재미뿐만 아니라 새로운 것을 알게 해 준다는 점을 이야기한다.

3. [예시답]
· 두발자전거를 배우고 싶어요.
· 그림을 그리고 싶어요.
· 친구들과 놀이공원에 가고 싶어요.
[길라잡이]
이 문제를 대할 때 학부모나 교사는 학습과 관련된 부분보다는 친구와 함께할 수 있는 일이나 가족과 함께 할 수 있는 일, 또는 배우고 싶은 것도 생각해 볼 수 있도록 해야 한다.

4. [예시답]
누구랑 : 친구들이랑, 엄마 아빠랑
어떤 일 : 놀이터에서 놀고 싶어요. 여행 가고 싶어요.
[길라잡이]
아이들이 가장 좋아하는 일이나 하고 싶은 일을 떠올리게 하여 그것을 써 보도록 안내한다.

5. [예시답]
우리 가족의 취미는 홈 스케치인데요. 정해진 도안을 보고 파스텔로 채색을 해요. / 아빠 그림, 엄마 그림, 내 그림이 완성되면 집안에 장식할 수 있어서 좋아요. 우리집이 그림 전시장이 돼요.
[길라잡이]
이 문제도 주제가 드러나는 활동이라고 할 수 있다. 가족이 함께하고 있는 취미 또는 가족 중 한 사람이 하고 있는 취미를 말해 보게 한다. 취미 생활을 하는 것이 텔레비전을 보는 것보다 재미있는 일이라는 것을 알 수 있도록 할 필요가 있다.

아이들을 위한 PSAT와 LEET(32~33쪽)

1. [정답] | ⑤
[길라잡이]
이 문제는 문장의 이유를 찾는 추론 문제이다. 글을 정독해서 올바른 독해를 할 수 있도록 지도할 필요가 있다. 텔레비전 말고도 재미있는 일들이 많다는 말을 듣고 크록텔레 가족은 깜짝 놀랐다. 그래서 정답은 ⑤이다. ①, ②, ③, ④는 글을 읽고 독해하는 과정에서 나올 수 있지만 옳지 않은 답들이다. ①은 텔레비전을 보는 것말고도 재미있는 것이 많다는 얘기일 뿐 모르는 것이 새로 생겼다는 것은 아니다. ②는 다른 사람들이 가족들에 대해 텔레비전밖에 모른다고 말할 거야라고 한 것일 뿐 놀린다는 말은 아니다. 만약 그 말이 놀리는 말이라고 해도 그것이 깜짝 놀란 이유는 아니다. ③

은 텔레비전의 말을 듣고 이전과는 다른 행복한 모습으로 되었다는 것은 가족들이 다른 것을 해 본 이후의 모습이다. 따라서 정답이 아니다. ④ 역시 가족들이 다시 행복해진 것은 깜짝 놀라고 난 다음이라서 정답이 아니다.

2. **[정답]** | ①
   [길라잡이]
   글을 읽고 글 전체의 의미를 일반화해서 표현하는 문제이다. "아침부터, 밥 먹을 때도, 잠잘 때도"라는 표현은 항상 또는 늘 텔레비전만 본다는 것이다. 따라서 정답은 ①이다. 상황에 따라 어떤 어휘를 사용하는 것이 맞는지 적절한 어휘 표현을 할 수 있도록 지도한다. '가끔'과 '종종'은 시간 간격이 조금 있다는 의미로 비슷한 말인데, '가끔'이 '종종'보다는 적다는 느낌이 강하다. '매일'은 하루하루 모든 날을 뜻하는데, '항상'보다는 시간 간격이 있다. 하루 중에도 '가끔'이 있을 수도 있고 '항상'일 수도 있다. '항상'은 '매일'보다 자주 할 때 사용하는 단어이다. '어쩌다'는 어떻게 하다는 뜻이다. 텔레비전을 보려고 한 것이 아닌데 어쩌다 보니 텔레비전을 보게 되었다는 뜻으로 사용할 수 있다. 이 말은 '가끔'이나 '종종'보다 시간 간격이 떠 있을 때 사용하는 단어이다.

3. **[정답]** | ④
   [길라잡이]
   이 문제는 사실을 확인하는 문제이다. 그림은 크록텔레 가족들에게 텔레비전말고도 행복해질 수 있는 방법을 보여 주고 있다. 제시된 그림은 시각적 효과로 아이들에게 주제를 다시 한번 각인하는 역할을 할 수 있다. 제시된 그림에서 ① 소파에서 책을 읽고 있는 엄마의 모습이 있고, ② 창문을 통해 보이는 할아버지의 인라인 스케이트 타는 모습이 보인다. ③도 제데옹과 텔레비전이 체스를 하고 있는 모습이 보이고, ⑤ 역시 위의 그림에서 피아노를 연주하며 노래 부르고 있는 아빠의 모습을 볼 수 있기 때문에 ①, ②, ③, ⑤은 정답이 아니다. 그러나 스마트 폰으로 게임을 하는 모습은 보이지 않는다. 그래서 정답은 ④이다.

지하 100층짜리 집

책을 펴는 아이들(35쪽)

1. **[예시답]**
   - **엘리베이터** : 버튼, 층 수 표시
   - **시계** : 전자시계의 시, 분, 초 표시
   - **책** : 수학 책 속의 숫자들, 쪽 표시
   - **학교** : 학년, 반, 층
   - **자동차** : 속도 계기판, 시간
   - **마트** : 가격, 무게

   [길라잡이]
   우리 주변 여러 곳에서 숫자들을 사용하고 있다. 하지만 너무 익숙해져서 스쳐 지나가는 경우가 많다. 숫자들이 어디에 사용되는지 둘러본 다음 브레인스토밍을 해 본다. 이때 막연히 아이들에게 제시하라고 하기보다는 큰 항목을 정해 보고 그 항목에서 세분화시켜 나갈 수 있도록 한다. 그러다 보면 주변을 좀 더 꼼꼼하게 관찰할 수 있을 것이다.

2. **[예시답]**
   좋아하는 숫자는 1입니다. 왜냐하면 숫자들 중 맨 앞에 있기 때문입니다.

   [길라잡이]
   1-10까지라든가, 1-100이라든가 제한된 숫자는 제공하지 않는다. 숫자들은 무한하며 좋아하는 숫자 또한 그러하다. 따라서 본인이 숫자에 관심을 가지며 자유롭게 발표할 수 있도록 한다.

3. **[예시답]** | 달팽이, 귀뚜라미, 땅강아지, 지네, 진드기

   [길라잡이]
   책 표지와 그 밖의 동물들을 생각해 보고 자유롭게 말해 본다.
   귀뚜라미 : 세계적으로 약 3,000종이 알려져 있으며 예로부터 노래하는 곤충으로서 친숙한 곤충이다.
   달팽이 : 땅에서 생활하는 것과 물에서 생활하는 것 두 가지가 있고 활동은 보통 밤에 한다.
   개미 : 여왕개미를 중심으로 가족적인 집단생활을 한다. 일개미라는 날개가 없는 계급이 존재하여 땅 위에서 먹이를 찾아다닌다.
   지네 : 몸은 가늘고 길며 등과 배는 약간 편평하다. 몸길이 5~150㎜. 머리 부분과 몸통 부분으로 나뉜다.
   진드기 : 진드기는 사람이나 동물의 피를 빠는 것 외에도 낙엽이나 다른 벌레들을 먹고 사는 이롭지 못한 생물이다.

두더쥐 : 몸길이 10~15㎝, 꼬리 길이 2~3㎝, 몸무게 40~140g. 땅속에 굴을 파는 삽 역할을 하는 앞다리가 특히 발달되어 있고 발은 폭이 넓으며 발톱이 길다.

책을 다시 읽는 아이들(36~37쪽)

1. [정답]
   목욕을 하고 있는데 갑자기 누군가의 목소리가 들렸기 때문이다.
2. [정답] | 거북
3. [정답] | 지하 100층 또는 땅속
4. [정답] | 입구
   [길라잡이]
   책 속의 '그런데 화산 기슭에 도착해서도 입구를 찾을 수 없었습니다.'라는 본문 내용과 삽화에 그려져 있는 '입구 표지판' 그림을 통해 답을 찾을 수 있다.
5. [정답]
   11층-너구리, 31층-공벌레, 51층-지렁이, 71층-도마뱀, 91층-거북
   [길라잡이]
   책 속 그림을 자세히 살펴보고 각 동물들이 무엇을 하고 있는지 이야기해 볼 수 있다. 단 동물들이 하는 행동들이 사실적인 부분과 차이가 날 수 있으니 그림만 관찰하고 이야기할 수 있도록 한다.
   너구리 – 진흙탕 놀이를 해요. 꽃게로 음식을 만들어요. 이도 닦고 변기 청소도 해요. 빨래를 해요. 다리미질도 하고 잠도 자요.
   공벌레 – 낙엽을 돌돌 말아 떡을 만들어요. 농구를 해요. 몸을 공처럼 만들어 볼링을 해요.
   지렁이 – 도자기를 만들어요. 대나무를 키우고 붓글씨를 써요.
   도마뱀 – 발굴을 하고 책을 봐요. 땅굴을 파고 빨래를 해요. 목욕을 해요. 장난을 치다 꼬리가 그만 '뚝!' 잘렸어요.
   거북이 – 새끼들이 알을 깨고 나와요. 목욕을 하고 음식도 해요.
6. [정답]
   글자 : 생신 축하합니다.
   글씨를 쓴 동물 : 지렁이
   [길라잡이]
   생일잔치가 시작된 그림에서 현수막에 씌어진 '생일 축하합니다' 글을 보고 찾아볼 수 있다. 또한 현수막 옆 지렁이 한 마리가 붓을 들고 있는 것을 보면 지렁이가 쓴 글이라는 걸 알 수 있다.

7. [정답]
   살고 있는 동물 : 거북 할머니
   어떤 잔치 : 생일잔치
8. [정답] | 호수

책을 깊게 읽는 아이들(38~39쪽)

1. [정답] | 지하층
   [길라잡이]
   층마다 표기되어 있는 B는 BASEMENT에서 첫 글자를 딴 것이다. BASEMENT는 지하층, 지하실이라는 뜻을 가지고 있다.
2. [예시답]
   매미 애벌레 : 할머니께 축하 노래를 불러 드릴게요. 건강하세요.
   개미 : 할머니 오래오래 사셔야 해요. 우리랑 늘 즐겁게 지내요.
   너구리 : 생신 축하드립니다. 쓱싹쓱싹 등딱지 닦아 드릴게요.
   지렁이 : 멋진 글씨로 할머니를 기쁘게 해 드릴게요. 사랑합니다.
   [길라잡이]
   자신들이 그림 속 동물이 되어 하고 싶은 이야기를 해 본다. 자유롭게 생각이 나오지 않을 때는 그림을 참고로 하여 말주머니를 채워도 좋겠다.
3. [예시답]
   * 저는 돋보기안경을 선물하고 싶어요. 나이가 드시면 눈이 잘 안보이니까요.
   * 저는 거북 할머니에게 갑에 담긴 휴지를 드리고 싶어요. 필요하실 때마다 한 장씩 쓰실 수 있도록이요.
   [길라잡이]
   현실 적용 능력을 묻는 발문이다. 물질적인 선물이든 정신적인 선물이든 거북 할머니가 가장 필요로 하는 것을 생각해 본다.
4. [예시답]
   할머니가 살고 있는 곳은 화산도 있고 따뜻한 물이 나오는 온천도 있고 호수도 있어요.
   [길라잡이]
   할머니가 살고 있는 곳은 우리나라와 다른 환경을 하고 있는 곳임에는 틀림이 없다. 어느 나라일지 아이들과 이야기 나누어 보고 우리와 다른 점을 찾아보게 한다.
5. [정답] | 토끼
6. [정답] | 매미
   [길라잡이]
   질문은 상위개념에서 하위개념으로 단계를 만들었으

므로 각 고개마다 점수를 정하고 퀴즈를 풀어보는 것도 하나의 재미를 더 할 것이다.

7. **[정답]** | ⑤

책에서 '~살고 있었습니다', '지하~층에 다다랐습니다', '다음 층에는 누가 살까요?'와 같이 반복되는 구절을 찾아본다. 그런 다음 반복되는 구절을 넣어 그대로 읽어 보고, 읽어 보았다면 그 구절을 빼고 읽어 본다. 반복되는 구절을 넣어 읽었을 때와 빼고 읽었을 때의 차이점을 생각해 보고 이야기를 나누어 본다.

책을 내 것으로 만드는 아이들(40~41쪽)

1. **[예시답]**

지하 100층까지 다양한 동물들이 살고 있어요. 토끼, 매미, 두더지, 지렁이, 공벌레, 너구리 등 함께 어울려 살아가요. 할머니가 살고 있는 주변에는 화산도 있고 뜨거운 물이 나오는 온천도 있어요. 그리고 호수도 있답니다.

2. **[예시답]**

내가 만나고 싶은 동물은 너구리예요. 왜냐하면 너구리랑 마음껏 흙탕놀이를 하고 싶기 때문예요. 그날만큼은 엄마가 혼내지 않을 것 같아요.

3. **[예시답]**

바닷속에는 다양한 크기의 물고기, 고둥, 산호, 불가사리, 오징어 등이 있어요. 물고기들은 지느러미를 이용해 수영을 하며 돌아다녀요. 그리고 각자의 독특한 방법으로 먹이도 잡고 자손을 퍼트리기도 해요. 고둥은 돌돌 말린 껍데기를 지고 다니고, 산호는 풀처럼 보이지만 사실은 동물이에요. 불가사리는 바다의 별처럼 보이기도 해요. 오징어는 적을 만나면 검은 먹물을 뿜어내요. 모두 바닷속의 친구들이에요.

[길라잡이]
바닷속에 있는 동물들의 특징과 생태에 대해서도 함께 이야기해 보면 좋겠다.

4. **[예시답]**

한 고개 : 페로몬을 뿜어내며 길을 찾아가고 적도 구분해요.
두 고개 : 전 세계에 분포되어 살아가고 있어요.
세 고개 : 진딧물을 돌보아주고 버섯을 기르며 살아가기도 해요.
네 고개 : 진딧물 단물 말고도 아무거나 잘 먹는 잡식성이에요.
다섯 고개 : 여왕만이 알을 낳아요.
나는 누구일까요? : 개미

[길라잡이]
스무고개 형식을 빌린 다섯 고개 퀴즈이다. 각자 아이들이 책 속 동물을 정해 놓고 다섯 고개를 퀴즈 형식으로 만들어 보는 활동이다. 이때 주의해야 할 사항은 첫 번째 고개부터 쉬운 걸 힌트로 주면 금방 맞출 수 있으니 어려운 것에서 쉬운 것으로 만들어 보게 하는 것이다. 꼭 책에 있는 사실적 정보만 낼 수 있는 것은 아니며 평상시 본인이 알고 있는 배경지식을 활용해 보는 것도 확장적 사고에 도움이 될 것이다.

아이들을 위한 PSAT와 LEET(42~43쪽)

1. **[정답]** | ③

[길라잡이]
세부 내용을 파악하는 문제이다. 그림을 통해서 토끼가 하는 행동들을 관찰해 보고 토끼의 습성을 파악해 본다. 토끼네 부엌은 7층에 있고 토끼는 목욕을 한다. 또 양배추, 당근, 상추를 기르는 것을 보면 토끼는 채소를 좋아한다는 것을 알 수 있다. 당근 요리를 하고 있는 것을 보아 당근을 좋아한다는 것을 알 수 있다. 하지만 지하 10층의 토끼 그림을 보면 액자에 달리는 그림과 메달이 걸려 있는 것으로 보아 토끼는 달리기를 잘한다는 것을 알 수 있을 뿐 심부름을 잘하는지는 알 수 없다. 따라서 답은 ③이다.

2. **[정답]** | ④

[길라잡이]
글의 전후를 살펴보고 숨어 있는 내용의 의미를 추론하는 문제이다. 인간의 수명은 과학기술의 발달로 점차 늘어나고 있다. 100세 이상의 초고령화 사회로 점차 가속화되어 가고 있다. 아이들에게 장수라는 기준이 모호할 수도 있지만 100세는 아직도 흔하게 볼 수 있는 나이는 아니므로 정답은 ④이다.

3. **[정답]** | ⑤

[길라잡이]
주어진 정보를 이해하는 능력을 알아보는 문제이다. 인물의 성격을 알아보기 위해서는 지문 속에서 인물의 말과 행동을 잘 살펴보아야 한다. ①은 인물을 소개하는 부분이다. ②는 인물의 상황을 설명하는 것이다. ③은 거북의 말이다. 문제는 쿠의 성격을 묻는 것이다. ④는 상황을 설명하는 것이다. ⑤는 쿠가 한 말이며 이 말을 통해 쿠가 호기심이 많다는 것을 생각할 수 있다. 따라서 쿠의 성격이 드러난 문장은 ⑤이다.

책이 꼼지락꼼지락

책을 펴는 아이들 (45쪽)

1. **[예시답]**
쌓여 있는 책이 무거워서 / 책이 가만히 있는 게 불편해서 / 지겨워서 움직이고 싶어서 / 주인공이 책 밖으로 나오고 싶어서 / 바깥세상이 궁금해서
[길라잡이]
표지를 보고 자유롭게 생각한 것을 이야기해 본다. '꼼지락꼼지락'은 몸을 계속 천천히 좀스럽게 움직이는 모양을 나타내는 말이다. 아이들이 책의 입장이 되어 책이 왜 움직이고 있을지 생각해 보도록 한다. 이 활동을 통해 흥미를 갖고 책을 볼 수 있다.

2. **[예시답]**
＊저는 이 중에서 「흥부전」, 「혹부리 영감」, 「백설 공주」, 「콩쥐 팥쥐」를 읽어 봤어요.
＊최근에 재미있게 읽었던 책은 「책이 꼼지락꼼지락」이예요.
[길라잡이]
책 제목을 살펴보면서 아이들은 자신이 읽은 책과 읽어 보지 않은 책을 알게 된다. 또 자신이 재미있게 읽은 책의 제목을 적어 보면서 자연스럽게 좋아하고 관심 있는 책을 확인할 수 있다. 아이들이 책에 대한 이야기를 충분히 자유롭게 할 수 있도록 시간을 주는 것이 좋다. 읽어 보지 않은 책이나 다른 친구가 읽은 책 내용을 들으면 독서 동기를 유발할 수 있기 때문이다. 특히, 책을 이해하고 후속 활동을 하는 데 필요하기 때문에 이 책에 등장하는 「백설 공주」, 「흥부전」, 「강아지 똥」, 「어리석은 호랑이」는 이야기의 내용을 확인하는 것이 좋다.

3. **[정답]**
범이 뒤를 **올망졸망** 일곱 난쟁이들이 따라 나와요.
흥부네 아이들이 **우르르** 몰려나와요.
책장을 **착착** 넘기더니 **스르르** 책 속으로 들어갔어요.
범이는 **살금살금** 도깨비 집으로 들어갔어요.
아무것도 모르는 도깨비는 **드르렁드르렁** 잠을 자고 있어요.
[길라잡이]
문장을 읽고 적절하게 모양과 소리를 흉내 내는 말을 찾아 써 보는 활동이다. 문장을 소리 내어 읽고 적절한 흉내 내는 말을 찾은 후, 실제 몸으로 표현해 보면 더욱 효과적이다. '착착'은 가지런히 여러 번 접거나 개키는 모양을 나타내는 말, '스르르'는 미끄러지듯 그 외에 '쏙'은 안으로 깊이 들어가거나 밖으로 볼록하게 내미는 모양을 나타내는 말, '펄쩍'은 급히 가볍고 힘 있게 뛰어오르거나 날아오르는 모양을 나타내는 말, '끄덕끄덕'은 고개 따위를 아래위로 거볍게 계속 움직이는 모양을 나타내는 말 등이 있다.

책을 다시 읽는 아이들 (46~47쪽)

1. **[정답]**
책은 보지 않고 하루 종일 게임에 빠져 있었다. 엄마가 하는 말에 빨리 대답을 안 했다.
2. **[정답]** | 엄마는 책밖에 모른다. 책 때문에 야단맞았다.
3. **[정답]** | 책을 세우고 쌓기 시작해서 집을 만들었다.
4. **[정답]**
백설 공주와 일곱 난쟁이, 흥부네 아이들, 강아지 똥, 온갖 동물들, 호랑이
5. **[정답]** | 다른 동물들을 괴롭히지 않겠다는 약속을 했다.
6. **[정답]** | 책 밖으로 한꺼번에 나오고 싶어서.
7. **[정답]**
도깨비 집에 몰래 들어가서 도깨비 방망이를 빌려 왔다.
8. **[정답]** | 방을 뒤죽박죽 어질러 놓아서.

책을 깊게 읽는 아이들 (48~49쪽)

1. **[예시답]**
책을 읽어서 똑똑해지라고, 지식을 많이 얻으라고, 생각을 많이 하라고, 공부에 도움이 되라고, 어휘를 많이 익히라고, 상상력을 키우라고, 많은 것을 보고 느끼라고 등.
[길라잡이]
평소에 부모님이나 어른들이 책에 대한 이야기를 어떻게 하는지 아이들의 경험을 먼저 이야기해 본다. 어른들의 입장에서 책을 권하는 이유를 생각해 보면서, 왜 책을 읽어야 하는지 스스로 생각해 볼 수 있도록 한다.

2. **[예시답]**
강아지 똥이 거름이 되어 꽃이 잘 자랄 수 있게 도와주었다.
[길라잡이]
권정생의 「강아지똥」이라는 작품을 알고 있으면 쉽게 답할 수 있다. 「강아지똥」을 읽은 아이들은 이야기의 줄거리를 말하고 답을 찾아본다. 「강아지똥」을 읽지 않은 아이도 똥이 식물의 거름이 된다는 사실을 알고 있으면 쉽게 답할 수 있다. 똥이 땅을 기름지게 하기 위해 도움을 주는 물질이라는 단순한 사실을 통해 쓸모없게 느껴지는 것도 세상에 꼭 필요한 소중한 존재라는 것을 확인할 수 있다.

3. [예시답]
어리석은 호랑이는 곶감을 무서운 존재라고 알기 때문에.
[길라잡이]
「어리석은 호랑이 : 호랑이와 곶감」 이야기를 알고 있어야 답을 할 수 있다. 이야기를 알지 못하는 아이들에게 '호랑이와 곶감' 이야기를 들려주는 것이 좋다. 호랑이가 왔다고 해도 울음을 그치지 않던 아기가 곶감이라는 말에 울음을 뚝 그친다. 이 말을 듣고 곶감을 본 적 없는 호랑이는 곶감을 엄청나게 무서운 존재라고 생각한다. 소도둑이 호랑이를 소로 착각하고 올라타자 호랑이는 곶감이 올라탔다고 생각하고 도망을 간다.

4. [예시답]
첫 번째 말 주머니: 게임을 더 하고 싶었는데 게임을 그만두고 책을 봐야 하니까 속상하다. / 화가 난다.
두 번째 말 주머니: 책과 노는 것도 게임만큼 정말 재미있구나. 앞으로 책과 자주 놀아야지. / 신나고 기분이 좋다.
범이는 책을 쌓아 집을 만들고 책 속 친구들을 초대해서 즐겁게 놀았다.
[길라잡이]
책 전체 흐름을 파악해야 범이가 책을 대하는 마음이 달라졌다는 것을 알 수 있다. 범이가 처음에는 게임을 하지 못하게 돼서 기분이 안 좋았는데, 책 속 친구들과 논 이후에 더 놀고 싶은 마음으로 바뀌었다. 이러한 범이의 마음을 잘 담아낼 수 있도록 말 주머니에 표현하도록 한다.

5. [예시답]
*화를 낼 만한 상황이다. 엄마 입장에서는 많은 척으로 방이 어질러져 있으니까 범이는 책은 보지 않고 장난만 친 것처럼 보였을 것 같다. / 화를 낼 만한 상황이 아니다. 왜냐하면 엄마는 범이의 상황을 알지 못했기 때문이다.
*범이는 "엄마, 책 속 주인공들과 재미있는 놀이를 하느라 방이 어질러졌어요. 다 놀고 나서 정리정돈 잘할게요. 걱정 마세요."라고 말하는 것이 좋을 것 같다.
[길라잡이]
엄마의 입장에 대해서 상반된 반응이 나올 수 있다. 아이들이 화를 내는 엄마의 입장을 이해할 수도 있고, 이해하지 못할 수도 있다. 어떠한 반응이라도 아이들이 자신의 생각을 자유롭게 말할 수 있도록 한다. 아이들에게도 충분히 일어날 수 있는 상황이기 때문에, 이때 어떻게 반응하는 것이 좋은지 이야기 나누는 것이 중요하다. 엄마의 화를 누그러뜨릴 수 있도록 솔직하게 자신의 상황을 잘 표현하는 말하기를 연습해 본다.

 책을 내 것으로 만드는 아이들 (50~51쪽)

1. [예시답]
백설 공주에게 "백설 공주야, 너는 일곱 난장이와 무엇을 할 때가 가장 재미있었니?"
범이에게 "범이야. 넌 어떻게 도깨비방망이를 몰래 가져올 생각을 했니? 무섭지 않았니? 나라면 너무 무서워서 못 가져왔을 거 같아."
[길라잡이]
범이도 주인공과 함께 놀면서 책과 친해졌다. 아이들이 책 속 주인공을 친구처럼 생각하고, 이야기 나눌 수 있도록 유도한다. 친구들이 서로 주인공이 되어 질문에 대한 답변을 해 줄 수도 있다.

2. [예시답]
갑자기 도깨비방망이가 없어진 도깨비는 다른 도깨비들과 어울릴 수가 없었다. 다른 도깨비들이 도깨비방망이가 없어서 같이 놀아 주지 않았기 때문이다. 너무 속상해서 엉엉 울었다. 그러자 범이와 놀고 있던 책 친구들이 도깨비를 책 밖으로 불렀다. 범이네 집으로 놀러 온 도깨비는 다른 책 속 친구들을 만나 신이 나서 도깨비방망이로 여러 가지 요술을 부렸다.
[길라잡이]
도깨비의 입장에서 어떤 마음이었을지 생각해 본다. 그리고 도깨비에게 도깨비방망이가 없다면 어떤 일이 일어나게 될지 상상해 보도록 한다. 상상을 통해 아이들이 책 읽기의 즐거움을 느끼게 된다.

3. [예시답]
책 이름: 「강아지똥」
만나고 싶은 주인공: 흰둥이
들어가고 싶은 장면: 담 밑 구석에 돌이네 흰둥이가 똥을 누는 장면
이야기: 귀여운 흰둥이에게 다가가 똥을 다 누고 나면 내가 머리를 쓰다듬어 줄 것이다. 흰둥이가 싼 똥이 나중에 얼마나 중요한 일을 하는지 이야기해 주고 칭찬해 주고 싶다. 그리고 같이 뛰어놀고 싶다.
[길라잡이]
왜 그 주인공을 만나, 그 장면에 들어가고 싶은지 이야기를 나눠 본다. 아이들이 책 속으로 들어가서 만나고 싶은 주인공을 만난다면 이야기가 어떻게 달라질지 생각해 볼 수 있다. 그림도 그려 보고, 이야기도 써 보면서 자유롭게 상상할 수 있는 시간을 준다.

4. [예시답]
모양 만들기, 그림 찾기, 글자 찾기, 책 제목으로 이야기 만들기, 책 만들기, 연극으로 만들기, 주인공에게 편지 쓰기, 이야기 바꾸기

13

[길라잡이]
교사나 학부모가 개입하기보다는 아이들 스스로 다양하고 창의적인 생각을 할 수 있도록 도와준다. 책으로 하고 싶은 놀이를 선택해서 아이들과 책 놀이를 하는 시간을 가져 보면 좋다. 아이들이 주도적으로 책과 친해지는 놀이를 찾아보는 것이 중요하다.

 아이들을 위한 PSAT와 LEET(52~53쪽)

1. [정답] | ①
[길라잡이]
지문을 읽고, 사실 여부를 확인하는 문제이다. 범이와 엄마의 대화를 통해 범이의 행동 특성을 유추할 수 있어야 한다. 범이는 지금 게임을 하고 있으며, 평소에 게임을 많이 하고, 게임을 시작하면 푹 빠지고, 지금 엄마가 부르는 말에 대답하지 않는다는 것을 엄마의 대화 속에서 확인할 수 있다. 책과 관련해서 엄마는 게임만 하지 말고, 책 좀 보라고 말하고 있다. 여기서 매일 범이가 책을 읽는지에 대해서는 확인할 수 없다. 따라서 정답은 ①이다.

2. [정답] | ⑤
[길라잡이]
지문에 어울리는 제목을 찾는 문제이다. 꼼지락거리며 나오고 싶어 하는 책 속 등장인물들을 본 범이가 그들에게 집으로 초대한다는 말을 하자 백설 공주와 일곱 난쟁이가 책 밖으로 나오는 장면이다. 그렇기 때문에 ⑤가 정답이다. ④처럼 백설공주와 일곱 난쟁이가 범이를 초대한 것으로 착각하지 않도록 해야 한다. 아이들이 일부분의 해당하는 내용을 제목으로 찾지 않고, 지문 전체를 끝까지 읽고 내용을 종합적으로 포괄할 수 있는 제목을 찾도록 해야 한다.

일기 쓰고 싶은 날

 책을 펴는 아이들(55쪽)

1. [예시답]
개가 주인공이고 그 친구 쥐, 새가 여행을 떠났어요. 여행을 가면서 구름도 보고 나뭇잎도 봤어요. 공룡도 보았어요. 신이 나서 일기 쓰고 싶은 날이 되었어요.
[길라잡이]
책을 읽기 전에 생각을 열기 위한 문제이다. 책의 겉표지는 그 책에 관한 많은 정보를 담고 있다. 책 제목과 표지 그림을 훑어보는 과정에서 책에 대한 흥미를 갖거나 상상력, 추리력을 기를 수 있다.

2. [예시답]
무늬가 있는 색종이를 구름 모양으로 오렸어요. 예쁜 그림이 있는 종이를 둥근 모양으로 재미있게 오렸어요. 갈색으로 물든 낙엽들도 있어요.
[길라잡이]
표지 그림을 잘 살펴보면 손으로 그리는 것 말고 다른 방법으로 꾸며져 있음을 알 수 있다. 이를 통해서 그림을 그리는 것 외에 종이나 다른 재료를 이용하여 꾸밀 수 있다는 것을 알게 한다.

3. [예시답]
'일기'란 오늘 내가 겪은 일 중에서 가장 기억에 남는 일을 내 생각과 느낌을 넣어 솔직하게 쓴 글을 말해요.
[길라잡이]
일기에 대한 배경지식을 묻는 문제이다. 교사나 부모는 일기에 써야 할 것들과 어떻게 쓰는 것인지 간단히 정리하여 아이들에게 알려준다.

4. [길라잡이]
대부분의 아이들이 일기를 싫어하고 부담스러워하지만 어떤 아이들은 다양한 방법으로 일기를 재미있게 쓴다. 이 문제를 통해서 다른 친구의 비결을 따라해 보고 싶은 마음이 들도록 유도한다.

[예시답 1]
동시를 지어서 일기로 써요. 그림도 그려 넣으면 정말 멋져요.

[예시답 2]
만화를 그려서 일기로 써요. 내가 만화가가 된 것 같은 기분이 들어요.

[예시답 3]
상상한 것을 일기로 써요. '외계인을 만난다면' '남자(여자)가 된다면' 등등 상상한 이야기를 쓰면 일기 쓰기가 신나고 재미있어요.

책을 다시 읽는 아이들(56~57쪽)

1. [정답] | 박물관, 가까운 곳
2. [정답]
   고양이 사진 찍는 모습의 그림과 아이스크림에 관한 글과 그림
   [길라잡이]
   아이가 잘 기억을 못하거나 어려워하면 책 장면을 다시 찾아볼 수 있게 한다.
3. [예시답]
   · 빨래가 바람에 날려 춤을 추고 있어요.
   · 예쁜 나뭇잎을 주웠어요.
   · 벽이 살아 있는 것 같아요.
   · 고양이가 하품을 하고 있어요.
   [길라잡이]
   그림을 보고 간단히 설명할 수 있는지 알아보는 문제이다. 이때 문장으로 구성하여 쓸 수 있도록 지도하는 것이 좋다.
4. [정답] | (나들이), (나)
   [길라잡이]
   빈칸 채우기를 힘들어하면 첫소리의 힌트를 주어서 정답을 유도하면 아이가 더 재미있게 정답을 찾을 수 있다.

 ### 책을 깊게 읽는 아이들(58~59쪽)

1. [예시답]
   나들이 일기를 쓰는 방법을 가르쳐 주려고
   [길라잡이]
   상황에 대한 동기를 거꾸로 추론하는 문제이다. '왜'라는 질문을 통해서 있는 사실을 그냥 받아들이는 것이 아니라 항상 까닭을 생각하는 습관을 들이면 내용에 대한 이해를 더 잘 할 수 있다.
2. [예시답]
   "빗방울이 떨어지는 소리가 참 재미있어." "후두득 후두둑."
   "물웅덩이가 생겼어. 첨벙첨벙 정말 신난다."
   "옷이 다 젖었네. 비옷을 입고 나왔더라면 좋았을 텐데……."
   [길라잡이]
   글이 없어서 그냥 지나칠 수 있는 장면이지만 자세히 들여다보면 비 오는 날 우산을 들고 나들이를 즐기는 아이들의 모습이 보인다.
3. [예시답]
   · 나들이에서 겪은 일을 여러 가지 방법으로 마음대로 표현할 수 있어서 좋아요.
   · 일기 쓰기가 지루하지 않아서 좋아요.
   · 오랜 시간이 지난 뒤에도 그때의 나를 생생하게 느낄 수 있어서 좋아요.
   [길라잡이]
   내용을 분석하여 중요한 요점을 찾고 종합하는 문제이다. 나들이 일기가 일상적으로 쓰는 일기와 다른 점들을 찾아 종합하면 좋은 점이 될 수 있다.
4. [예시답]
   "어제 박물관에 다녀와서 나들이 일기를 썼어."
   "나도 너처럼 나들이 일기를 쓰고 싶어."
   "정말 멋진 일기야."
   "어떻게 하는 거야? 나도 좀 가르쳐 줘."
   "나는 이 공원에서 주운 나뭇잎을 붙이고 일기를 쓸 거야."
   [길라잡이]
   그림을 보고 다양한 상황을 추리하는 문제이다.
   나들이 일기에 대한 긍정적인 답이 나오도록 이끌어 주어야 한다.

 ### 책을 내 것으로 만드는 아이들(60~61쪽)

1. [예시답]
   롯데월드 나들이 / 눈썰매장이나 스키장 나들이 / 서울 대공원 나들이 / 그 밖의 여러 체험 학습 나들이나 박물관 나들이 등등
   [길라잡이]
   책 내용을 통해서 자기의 경험을 떠올려 보는 문제이다. 교사와 부모는 아이가 즐거웠던 나들이 경험을 되살려 나들이 일기를 써 보고 싶다는 마음이 들 수 있도록 유도한다.
2. [예시답]
   국립 중앙 박물관/ 전쟁 기념관/ 백범 기념관/ 서울 역사박물관 / 민속 박물관 등
   [길라잡이]
   아이들이 나이가 어려서 다녀온 곳의 이름을 잘 모르는 경우도 있다. 아이가 박물관 이름을 알아 낼 수 있도록 도와준다.
3. [예시답]
   서울 역사박물관에 다녀와서 나들이 일기를 썼어요. 박물관 입장권도 붙이고 서울의 옛 지도 그림도 붙였어요. 체험 학습 프로그램에서 만든 솟대 사진도 붙이고 설명도 썼어요.
   [길라잡이]
   일기에 관하여 배운 적이 있는 아이들은 부모님의 도움을 받아서 나들이에서 가져온 것들을 일기장에 함께

붙인다. 반면, 일기에 대해 배우거나 쓴 경험이 별로 없는 아이들에게는 나들이 일기를 써 보고 싶은지, 쓰면 어떨지를 질문하면 동기가 생길 수 있다.

4. **[예시답]** | 색종이를 오려 붙이는 방법
   [길라잡이]
   부모나 교사는 어떤 것들이 있었는지 책 내용을 떠올릴 수 있도록 도와준다. 아이들은 어떤 방법이 좋아 보였는지 생각해 보고 원하는 방법을 스스로 선택할 수 있게 지도한다.

5. **[길라잡이]**
   어른들은 비가 오면 불편하게 느끼는 경우가 많지만 아이들은 의외로 비가 오는 날을 좋아한다. 맑은 날에 경험하지 못하는 또 다른 경험이 있었는지를 생각할 수 있도록 도와준다.
   [예시답 1]
   만약 나라면 비가 와도 나들이를 갔다 와서 나들이 일기를 쓰도록 하겠어.
   왜냐하면 우산을 쓰고 어디든 다닐 수 있고 재미있는 일들도 많으니까.
   [예시답 2]
   만약 나라면 비가 오면 나들이를 가지 않도록 하겠어.
   왜냐하면 여기 저기 다니기가 불편하고 옷이 비에 젖으니까.

6. **[예시답]**
   2012년 11월 30일 금요일
   날씨 – 바람이 쌀쌀해서 추웠는데 햇볕은 아주 따뜻했다. / 흰 구름이 바람 따라 둥실 둥실/ 바람에 낙엽이 팔랑팔랑 날아다녔다.
   제목 – 동네 한 바퀴 / 즐거운 동네 나들이
   또박이 삼촌과 달이와 나 셋에서 동네 나들이를 다녀왔다. 처음엔 별로 재미가 없을 것 같아서 나가기 싫었다. 그런데 생각보다 신기하고 재미있는 것들이 많았다.
   삼촌은 고양이가 하품하는 모습이 우습다고 사진을 찍었다. 나는 고양이가 무서운데 삼촌은 무섭지 않은 것 같았다. 개천가에 오리들이 놀고 있었다. 달이는 오리들이 추울 것 같다고 했지만 나는 오리들이 안 추울 것 같았다. 왜냐하면 오리털 파카를 입고 있으니까.
   집으로 돌아오는 길에 길가에서 낙엽을 주웠다. 나뭇잎 색깔이 초록색에서 갈색으로 변한 것이 신기하고 참 예뻤다.
   우와! 비행기가 지나간 자리에 하얀 선이 생겼다. 조금 있다가 없어졌지만 정말 신기했다. 우리 동네에는 재미있는 게 참 많다. 다음에는 학교 뒷동네를 돌아보고 싶다. 그때는 돋보기도 가져가야지.

[길라잡이]
같은 맑은 날이라도 계절에 따라 다르고 시간에 따라 날씨가 변하므로 날씨는 자세하게 표현하는 것이 좋다고 일러 준다. 제목은 글을 쓰기 전에 정하는 것이 좋다. 제목을 정하고 쓰면 글감에 맞추어 쓸 수 있다.

아이들을 위한 PSAT와 LEET(62~63쪽)

1. **[정답]** | ⑤
   [길라잡이]
   내용을 바르게 이해했는지를 알아보는 문제이다. 나들이 일기는 다른 줄글 일기와 좀 다르게 자료나 다른 재료를 이용하여 꾸며 쓰는 일기라는 것을 지문을 통하여 알려 주었다. ① 현수는 나들이에서 가져온 것을 잘 정리하여 붙였다. ② 진희는 본 것을 사진으로 찍어서 붙였다. ③ 은혜는 본 것과 느낀 것을 떠올려 사진과 글로 꾸몄다. ④ 솔이는 본 것을 먼저 그리고, 느낀 것을 떠올려 생각과 느낌을 표현했다. ⑤ 선규는 나들이를 다녀오고 나서 쓴 것이 아니라 일상생활에서 겪었던 일을 썼다. 따라서 나들이 일기 쓰기 방법을 잘 모르는 친구는 선규이다.

2. **[정답]** | ②
   [길라잡이]
   내가 알고 있는 지식을 효율적으로 조직화하는 문제이다. 먼저 ② 나들이를 가서 가져온 자료들이 많은데 그것을 잘 정리한다. 다음 ③ 무엇을 어떻게 그리고 꾸밀지를 정한다. 이때 가져온 자료를 언제 어떻게 쓸지를 정하게 된다. 그다음 ④ 그림을 그려야 할 부분에 밑그림을 그리고 예쁘게 색칠한다. 그다음 ⑤ 신문이나 다른 재료를 이용하여 좀 더 창의적으로 나만의 나들이 일기가 되도록 꾸민다. 마지막으로 시간이 흘러도 언제나 그때의 나를 다시 볼 수 있도록 잘 보관한다. 따라서 가장 먼저 할 일은 나들이에서 가져온 것들을 잘 정리하는 일이다.

3. **[정답]** | ⑤
   [길라잡이]
   주제에 가장 가까운 핵심 내용을 추론하는 문제이다. 나들이 일기는 일기의 장점을 갖고 있는 동시에 여러 가지 방법으로 자유롭게 표현할 수 있다는 장점이 더 있다. 나들이 일기도 다른 일기처럼 맑은 날이 아니더라도 쓸 수 있다. 다른 일기도 오래 간직할 수 있다. 남에게 보여주어 자신의 생각을 알려 줄 수는 있지만 그것이 나들이 일기의 좋은 점이라고 할 수 없다. 따라서 정답은 ⑤이다.